O PAPEL DE DEUS NA CURA

Segundo VIKTOR FRANKL

ANA ENÉSIA SAMPAIO MACHADO

O PAPEL DE DEUS NA CURA
Segundo VIKTOR FRANKL

Editora
IDEIAS& LETRAS

DIREÇÃO EDITORIAL
Marcelo C. Araújo

REVISÃO
Ana Aline Guedes da Fonseca de Brito Batista

COMISSÃO EDITORIAL
Avelino Grassi
Edvaldo Araújo
Márcio Fabri

DIAGRAMAÇÃO
Érico Leon Amorina

CAPA
Airton Felix Silva Souza

CONSULTOR EDITORIAL
Ênio José da Costa Britto

COPIDESQUE
Thiago Figueiredo Tacconi

Todos os direitos em língua portuguesa, para o Brasil, reservados à Editora Ideias & Letras, 2023.

4ª impressão

EDITORA
IDEIAS&
LETRAS

Avenida São Gabriel, 495
Conjunto 42 - 4º andar
Jardim Paulista – São Paulo/SP
Cep: 01435-001
Editorial: (11) 3862-4831
Televendas: 0800 777 6004
vendas@ideiaseletras.com.br
www.ideiaseletras.com.br

Dados Internacionais de Catalogação na Publicação (CIP)
(Câmara Brasileira do Livro, SP, Brasil)

Machado, Ana Enésia Sampaio.
O papel de Deus na cura: segundo Viktor Frankl
São Paulo: Ideias & Letras, 2013.

ISBN 978-85-65893-28-2

1. Consciência moral 2. Cura pela fé 3. Deus
4. Espiritualidade 5. Frankl, Viktor E., 1905-1997
6. Logoterapia 7. Neuroses 8. Psicologia
existencial I. Título.

13-03384

CDD-150.195

Índices para catálogo sistemático:

1. Relações entre Deus e a cura das neuroses da
falta de sentido: Logoterapia: Psicologia
150.195

À Luciana Jukemura
(*in memoriam*)

SUMÁRIO

Apresentação - 09

Introdução - 12

Capítulo I
Viktor Frankl: experiência de vida que fala - 17

Infância e adolescência 18
Estudos e início de sua profissão 19
Humor, afinidades e amor 24
Religiosidade 27
Campos de concentração 28
Primeira fase: recepção 29
Segunda fase: a vida no campo de concentração 32
Terceira fase: após a libertação 41
A recuperação 42

Capítulo II
Sobre logoterapia e cura - 45

Neuroses noogênicas 57
Intenção paradoxal 59
Derreflexão 60
Um tipo específico de neurose noogênica causada pelo vazio existencial: a neurose de massa 62
Atitude existencial provisória 63
A atitude fatalista 65

O pensamento coletivo 66
O fanatismo............................. 68
O tratamento logoterapêutico 70

Capítulo III
Deus, o ser desconhecido - 76

A consciência moral: o ético inconsciente 80
O amor: o erótico inconsciente 81
A arte: o estético inconsciente 83
A origem transcendente da consciência moral..... 85
O sentido último 87
Psicoterapia e religião 93
O homem em busca de sentido 99

Conclusão - 103

Referências - 107

Apresentação

A logoterapia como convergência entre ciência e religião

Ênio José da Costa Brito[1]

> Ser livre é pouco ou nada,
> se não houver um para quê.
>
> Viktor Frankl

A professora Ana Anésia Sampaio Machado sabe que por longo tempo a Psicologia esteve intimamente ligada ao modelo das Ciências Naturais. Ligação que lhe custou caro, por seu reflexo instantâneo na imagem do ser humano, no fundo profundamente mecanicista.

Gradualmente, graças às suas potencialidades internas, a Psicologia se deu conta das estreitezas dessa visão e abriu-se para uma compreensão mais abrangente dos seres humanos. Essa abertura penosa, mas necessária, teve seus pioneiros, um deles foi Viktor Emil Frankl (1905-1997), que com uma cuidadosa e metódica reflexão conciliou intuição e sensibilidade ao analisar as particularidades humanas.

A logoterapia criada por ele sistematiza as veredas existenciais e científicas trilhadas pelo pesquisador na busca de compreensão dos mistérios humanos. Sua diuturna reflexão

---

1 Professor do Programa de Estudos Pós-Graduados em Ciências da Religião da PUC-SP e líder do grupo de Pesquisa: O Imaginário Religioso Brasileiro.

existencial e teórica resultou numa visão profunda da existência humana nas condições culturais atuais.

Viktor Frankl vê o ser humano como alguém que busca sentido. Nas palavras de Ana Sampaio, "a busca de sentido não é uma doença, pelo contrário, é uma autêntica e necessária manifestação humana, mas somente busca um sentido quem se dá conta da falta dele".

Ana Sampaio está convencida de que essa psicoterapia, centrada no sentido da existência, é um forte antídoto à sua falta atualmente. Ao fazer eco às inquietações atuais, oferece uma lanterna para andarmos em meio à nevoa existencial.

Nesta pesquisa agora apresentada em livro, a autora aborda as relações entre Deus e a cura das neuroses da falta de sentido. Ao escolher essa estreita vereda, tomou o cuidado de não projetar ideias suas no pensamento de Viktor Frankl. Optou por uma apresentação globalizante e consistente que deslinda com clareza a malha teórica do autor, oferecendo ao leitor um instrumental analítico que lhe possibilita acompanhar a arqueologia da consciência moral realizada com precisão pelo psiquiatra e psicólogo Viktor Frankl.

Para esse vienense, a consciência moral não é antirreligiosa, mas religiosa, consciência que não só impulsiona a pessoa humana na busca de sentido para a vida, para o exercício de uma práxis libertadora, mas conserva ainda um potencial, uma reserva crítica capaz de renovar no tempo essa busca e esse agir. Constatação da maior importância, pois, por experiência, sabemos que a acomodação, a mesmice, a prepotência, a fetichização, nos rondam sempre. Ana Sampaio nos lembra que, para Viktor Frankl, é no diálogo com nossa própria consciência moral que encontramos o sentido último da existência humana.

Organizado em três passos, esta obra começa com a biografia de Viktor Frankl, que tem o efeito de impactar o leitor, mesmo que este já tenha alguma informação prévia. Ana Sampaio, ao enfrentar a carga emocional embutida na história de vida do autor, soube manter a sobriedade exigida pelas regras de um trabalho acadêmico.

Em seguida, desvela a natureza da logoterapia e aponta para suas aplicações, com especial atenção para as neuroses. Para Viktor Frankl, as neuroses denominadas noogênicas brotam do âmago da existência humana. O conceito de neurose noogênica vai além de uma patologia psicofísica. A razão desse deslocamento se encontra em sua visão antropológica. Para ele, o ser humano é essencialmente espiritual.

E por fim se apresenta como Viktor Frankl entende Deus e o homem; e as possibilidades do diálogo entre ambos. Quanto à possibilidade desse diálogo e de seus frutos, fica ao leitor o desafio de responder.

Leitura recomendada não só aos especialistas, mas a todos aqueles que desejam viver mais sadiamente nos conturbados tempos atuais.

Parabéns, por esta obra que renova o convite a um diálogo cada dia mais urgente entre ciência e religião, consciente de que não existe nem ciência nem religião em abstrato.

Introdução

Quando criança, tomei conhecimento desse fato que tem capacidade de deixar qualquer pessoa estupefata diante do horror e do mal: os campos de concentração. Na época, havia lido uma obra intitulada *O refúgio secreto*, da escritora Corrie Ten Boom, membro da resistência holandesa, que refugiou alguns judeus em um compartimento secreto em sua casa. Como muitos que não fecharam os olhos para seus semelhantes, ela e sua família, juntamente com seus hóspedes refugiados, foram descobertos e forçados a ir para esses locais de horror e morte.

Nunca esqueci esse livro e, sempre que podia, buscava mais informações sobre o que ocorreu na Alemanha da Segunda Guerra. Mais tarde, meu interesse se voltou para relatos de ex-prisioneiros de regimes comunistas e de pessoas que sobreviveram a massacres e genocídios feitos em nome de uma futura sociedade perfeita.

Apesar de ter lido vários relatos de tentativas feitas para nivelar e igualar os homens, apagando-lhes as particularidades e os induzindo a um único modo de pensar e enxergar o mundo, ingressei numa seita fundamentalista e lá permaneci durante onze anos de minha juventude, conhecendo de perto (pouquíssimo, é verdade, em comparação com qualquer sobrevivente de movimentos genocidas), a violência – especialmente a psicológica –, a desonestidade, a injustiça e o fanatismo, vivendo minha própria fusão com a massa e sofrendo, durante esse tempo e mais tarde, todas as consequências de tal vivência. Como não poderia deixar de ser, questionei-me diversas vezes sobre o que ocorria comigo e com os demais participantes da seita e me perguntei com insistência se havia um sentido para minhas próprias experiências de vida.

Em 2005, mexendo nas estantes de uma livraria, deparei-me com duas obras de Primo Levi: *Se não agora, quando?* e *A trégua*. Imediatamente li esses dois livros que foram seguidos por *É isto um homem?* e *Os afogados e os sobreviventes*. Neste último, chamou-me a atenção, entre outras coisas, um capítulo no qual o autor fala sobre a inutilidade da violência aplicada aos prisioneiros dos campos de concentração:

> *Para um nazista ortodoxo devia ser óbvio, nítido, claro que todos os judeus tinham de ser mortos: era um dogma, um postulado. Também as crianças, por certo; e especialmente as mulheres grávidas, para que não nascessem futuros inimigos. Mas por que, em suas razias furiosas, em todas as cidades e povoados de seu império imenso, violar a porta dos moribundos? Por que se meterem a arrastá-los até os trens, para levá-los a morrer longe, após uma viagem insensata, na Polônia, no limiar das câmaras de gás? Em meu comboio havia duas moribundas de noventa anos, arrancadas da enfermaria de Fòssoli: uma morreu na viagem, assistida em vão pelas filhas. Não teria sido mais simples, mais "econômico", deixá-las morrer, ou quem sabe assassiná-las, em seus leitos, em vez de inserir sua agonia na agonia coletiva do trem? Verdadeiramente somos induzidos a pensar que, no Terceiro Reich, a escolha melhor, a escolha imposta de cima para baixo, fosse aquela que comportava a máxima aflição, o máximo esbanjamento de sofrimento físico e moral. O "inimigo" não devia apenas morrer, mas morrer no tormento.*[2]

Justamente nessa época, eu costumava conversar sobre leituras com um amigo, Jacek Bednarek, que só conheço

---

2   LEVI, Primo. *Os afogados e os sobreviventes*, pp. 103-104.

virtualmente, pois ele mora na Polônia. Ao me ouvir dizer sobre o quanto gostava dos escritos de Levi, recomendou-me ler *Em busca de sentido*, de Viktor Frankl. Apaixonei-me por essa bela história de encontro de sentido em meio a uma situação extrema, na qual até a violência carecia de finalidade. Tive a certeza de que gostaria de estudar mais a vida e a obra desse autor e fui aprender um pouco mais sobre ele na Sociedade Brasileira de Logoterapia (SOBRALOG). Iniciei em seguida meu mestrado baseando-me em suas obras, sob a orientação do professor Luiz Felipe de Cerqueira e Silva Pondé. Este livro é fruto de meus estudos e sinto-me honrada em publicá-lo, pois os ensinamentos de Frankl têm tal beleza que merecem ser expostos e admirados pelo maior número de pessoas possível.

Na obra *Em busca de sentido*, Viktor Frankl narra sua experiência como prisioneiro em campos de concentração nazistas e também descreve os conceitos fundamentais da logoterapia, sua teoria psicológica. A principal afirmação dessa teoria é a de que em qualquer situação da vida é possível encontrar um sentido e este pode se dar por três diferentes modos: diante de uma realização, de uma vivência do belo e de uma atitude humana perante o sofrimento. Cada uma dessas situações nos convida a assumir uma responsabilidade pessoal e única perante a vida. A logoterapia é a terapia voltada para o encontro de sentido e é aplicável, principalmente, nos casos de neurose da falta de sentido, denominadas neuroses noogênicas. Vale a pena observar que neuroses noogênicas não são neuroses no sentido usual da palavra, pois se referem a um adoecimento espiritual e não psicológico. Frankl afirma que, além das três possibilidades de sentido que um ser humano pode encontrar nas situações vividas, também é possível a um homem se perguntar se existe ou não um sentido último. Esse sentido último, perante o qual o homem é responsável e de onde provém sua consciência moral – fonte de nossos julgamentos de valor – é Deus. Mas qual é o papel de Deus na cura das neuroses noogênicas? Essa é a investigação que foi desenvolvida neste livro.

Observamos, nos dias atuais, consequências da falta de sentido, manifestas principalmente na grande quantidade de casos de neuroses de massa e nos atos suicidas. Daí a importância desse estudo para os nossos dias, pois o pensamento de Viktor Frankl representa uma possibilidade de tratamento e prevenção desses problemas. Além disso, a maneira pela qual o autor considera a relação entre o homem e Deus não se reduz a um conjunto de regras e obrigações, possivelmente inventado para servir a interesses de alguns, como apregoa o senso comum pouco reflexivo; antes, se refere à atitude de "ser-responsável". Para Frankl, o homem é um ser essencialmente espiritual, inclusive dotado de um inconsciente não apenas anímico, mas também espiritual.

O livro está organizado da seguinte maneira:

No capítulo I é apresentada a biografia de Viktor Frankl, incluindo sua experiência como prisioneiro do regime nazista. Experiência esta que serviu para corroborar sua teoria, pois a logoterapia não foi concebida nos campos de concentração. Frankl já tinha seus primeiros manuscritos sobre o tema ao ser deportado para Auschwitz, porém sua obra foi confiscada quando lá ingressou. O fato de termos incluído sua biografia neste livro, e nela um espaço tão grande para descrever a experiência de Viktor Frankl nos campos de concentração, justifica-se porque ele mesmo teve que provar se sua teoria seria aplicável em qualquer situação, teve que encontrar sentido em meio ao absurdo.

O capítulo II fornece uma explicação detalhada sobre a logoterapia e suas aplicações, assim como o conceito de neurose noogênica, com especial atenção às neuroses de massa.

O capítulo III fala sobre o conceito que o autor tem sobre Deus e sobre o homem, de como se dá o diálogo entre ambos e sobre a consequência desse diálogo: o encontro de sentido.

A conclusão assinala que o encontro de sentido, fruto do diálogo com a transcendência, é uma possibilidade de cura para a neurose noogênica.

Muitos amigos me ajudaram a escrever esta obra, lendo meus escritos com atenção, fazendo sugestões e me apoiando em todos os momentos. A eles devo minha gratidão e sinto-me privilegiada de conhecer pessoas assim tão generosas e afetuosas. Elas estão continuamente em meus pensamentos.

Capítulo I

Viktor Frankl: experiência de vida que fala

> *Tu pesas sobre mim.*
> *Tu a quem perdi para a morte,*
> *me deste a carga silenciosa de viver para ti.*
> *Então me cabe agora liquidar a dívida da tua exterminação,*
> *até que eu saiba que com cada raio de sol*
> *desejas aquecer-me e encontrar-me;*
> *até eu ver que em cada árvore a desabrochar*
> *há um morto que quer me cumprimentar;*
> *até eu ouvir que cada canto de pássaro*
> *é tua voz soando para me abençoar*
> *e talvez para dizer*
> *que me perdoas por eu viver.*
>
> Viktor Frankl[3]

Viktor Frankl nasceu em Viena, 26 de março de 1905, filho de Gabriel e Elsa Frankl. Em sua autobiografia,[4] ele descreve sua mãe como uma mulher de bom coração e profundamente piedosa e seu pai como um *Zaddik*, ou seja, um homem justo, em hebraico. Quando seu pai trabalhava em uma repartição pública, chegou a ser repreendido disciplinarmente por ter recusado-se a trabalhar durante o Yom Kippur. Assim, Frankl atribui seu temperamento racional e profundamente emotivo a uma mistura entre as heranças paterna e materna.

---

3   FRANKL, Viktor. *Recollections*, p. 101.
4   *Ibid.*, pp. 19-26.

Infância e adolescência

Desde criança manifestou desejo de ser médico, em parte por querer agradar seu pai, que não pôde continuar seus estudos de medicina devido a problemas financeiros. Em suas memórias de infância, recorda-se vivamente da noite em que percebeu que um dia iria morrer. Nessa noite, perguntou-se pela primeira vez se a existência da morte faz com que a vida fique vazia de sentido. Da luta contra essa questão, veio sua resposta: é justamente a morte que faz a vida ficar mais repleta de sentido, sentido esse que a transitoriedade não destrói, porque tudo o que está no passado é irrevogável e não poderá mais ser destruído.

Outro de seus desejos infantis era o de escrever um pequeno conto no qual relataria, de forma indireta, algumas de suas vivências da infância como, por exemplo, uma em que seu pai o resgatou rapidamente de uma linha de trem justamente no momento em que este iria começar a se movimentar. Essas experiências lhe deram a sensação de estar seguro e protegido, de tal modo que ele se recorda de ter acordado numa manhã e, ainda com os olhos fechados, sentir-se inundado por uma agradável sensação de estar sendo guardado. Assim que abriu os olhos, viu seu pai olhando para ele e sorrindo.

Quando adolescente, elaborou outra possível história: um homem descobre um remédio capaz de tornar as pessoas mais espertas. Após a publicação da notícia dessa descoberta, ninguém mais conseguiria entrar em contato com tal homem. O motivo: ele mesmo havia ingerido a poção e, tendo se tornado mais sábio, retirara-se para uma floresta e passara a viver em contemplação, esquivando-se de qualquer exploração comercial de seu segredo.

Frankl recorda-se do período de sua infância em que ocorreu a Primeira Guerra Mundial. Nessa ocasião, chegou a ficar durante três horas em uma fila, durante o inverno, somente para comprar batatas. Assim que chegava o horário de ir para a escola, sua mãe o substituía na fila.

Estudos e início de sua profissão

Antes mesmo de ingressar na faculdade, começou a se interessar por aulas de psicologia aplicada e experimental e, mais tarde, ficou fascinado pela obra *Além do princípio do prazer*, de Sigmund Freud.

Seus primeiros estudos de psicanálise foram obtidos através de dois influentes estudantes de Freud: Eduard Hirschmann e Paul Schilder, que ensinavam regularmente na Clínica Psiquiátrica de Julius Wagner Ritter Von Jauregg, na *Universität Wien* (Universidade de Viena). Esse fato o levou a corresponder-se com Freud, mas infelizmente, as cartas guardadas por Frankl foram confiscadas por ocasião de sua partida para os campos de concentração. Na época, Freud enviou um dos artigos de Frankl para o *Internationalen Zeitschrift für Psychoanalyse* (Jornal Internacional de Psicanálise), publicado em 1923. Conheceram-se pessoalmente enquanto Frankl ainda estava na universidade. Este se apresentou e, em resposta, ouviu Freud recitar seu endereço, memorizado devido à intensa troca de correspondências. Mais tarde, encontraram-se novamente, por acaso, mas na época Frankl já estava sob a influência de Alfred Adler, que havia aceitado um segundo artigo seu para ser publicado, desta vez no *Internationalen Zeitschrift für Individualpsychologie* (Jornal Internacional de Psicologia Individual), em 1925.

Começou a se interessar pela psiquiatria ainda antes da universidade e, apesar de ter pensado em especializar-se em dermatologia ou obstetricia, decidiu-se pelo estudo da psiquiatria, influenciado por uma conversa com seu colega da escola de medicina, W. Österreicher. Este perguntou a Frankl se já tinha ouvido falar de Søren Kierkegaard, pois seus interesses lembravam-lhe a seguinte frase desse filósofo: "Não se desespere na procura de tornar-se o seu autêntico eu". Essa conversa fez com que Frankl percebesse que não deveria mais adiar a "atualização psiquiátrica de si mesmo".[5] Ao se questionar se realmente tinha talento para a psiquiatria, decidiu fazer relação com outro de seus talentos, o de cartunista. Percebeu então que, ao fazer caricaturas, expressava uma importante qualidade que os psiquiatras deveriam ter: não fazer unicamente um retrato das fraquezas das pessoas. Considerou que um bom psiquiatra vai além de enxergar os pontos fracos de seus pacientes, pois reconhece neles as possibilidades de realização. Uma aparente falta de sentido pode resultar numa realização humana genuína.[6] Convenceu-se de que não há situações desprovidas de uma semente de sentido. Essa convicção, mais tarde, tornou-se a base da logoterapia. Além disso, refletiu sobre o fato de que a motivação de um psiquiatra não deve ser a de ter poder sobre as demais pessoas, para dominá-las e manipulá-las. Esse tipo de poder, para ele, ficava claro no caso da hipnose, cuja técnica dominava desde os quinze anos. Para Viktor Frankl, o poder do médico se identifica com a seguinte citação do Talmud: "Aquele que salva uma única alma é tão estimado quanto aquele que salva o mundo inteiro".

---

5 FRANKL, Viktor. *Recollections*, p. 53.
6 *Ibid.*, p. 53.

Seu outro grande interesse era pela Filosofia e, por isso, quando tinha aproximadamente quinze anos, participou de um seminário filosófico conduzido por Edgar Zilsel. O título de sua leitura foi *O sentido da vida* e, já nessa ocasião, Frankl tinha chegado à conclusão de que essa não é uma questão que o ser humano coloca para si mesmo, mas que lhe é dada pela vida. Outra de suas conclusões é a de que existe um suprassentido, que não podemos compreender, mas no qual podemos e devemos acreditar. Viktor Frankl afirma que, essencialmente, todos cremos nesse suprassentido, ainda que inconscientemente. Pensando nisso, criou o seguinte lema: "abençoado seja o destino, acreditado seja o sentido".[7]

Sua publicação de 1925, no periódico de Alfred Adler, foi seguida por outra, em 1926. Nesse mesmo ano, Frankl foi convidado a dar o tema do *Internationaler Kongress für Individualpsychologie* (Congresso Internacional de Psicologia Individual), mas não pôde fazê-lo sem se desviar da linha ortodoxa do congresso. Em *A questão do sentido em psicoterapia*, relata:

> [...] Eu contestava que de fato a neurose, por toda a parte e todo o tempo, fosse um simples meio para um fim, no sentido da teoria do seu "caráter adaptativo" (*Arrangementcharakter*) insistia muito mais na alternativa de interpretá-la (não como simples "meio", mas também) "como expressão", portanto, não apenas instrumental, mas também num sentido expressivo.[8]

Em seu ciclo de leituras nesse congresso, com apenas vinte e um anos de idade, teve a oportunidade de falar sobre o sentido da vida para muitas pessoas.

---

7 FRANKL, Viktor. *Recollections*, p. 56.
8 *Ibid.*, p. 117.

Em 1927, sua relação com Adler se deteriorou e Frankl começou a criticar seu próprio psicologismo,[9] assim como seu sociologismo.[10] Resolveu, então, reformular suas ideias, tendo como ponto de partida *O formalismo na ética*, de Max Scheler. Nessa época, foi repreendido pelo adleriano Alexander Neuer, como um "renegado de espírito". Rudolf Allers e Oswald Schwarz anunciaram e justificaram publicamente sua saída da *Gesellschaft der Individualpsychologie* (Sociedade de Psicologia Individual), e Viktor Frankl sentiu-se obrigado a apoiá-los, sem deixar de tentar uma reconciliação destes com Adler que, a partir desse momento, nunca mais lhe dirigiu a palavra. Após várias sugestões feitas para que Frankl também deixasse a Sociedade, finalmente, foi expulso formalmente.

Depois disso fundou, juntamente com Fritz Wittels e Maximilian Silbermann, a *Wissenschaftliche Gesellschaft für Medizinische Psychologie* (Sociedade Acadêmica de Psicologia Médica), dando início à sistematização de suas ideias. Nesta época usou, pela primeira vez, o termo *logoterapia* e,

---

9 Psicologismo é definido por LALANDE, André (Vocabulário técnico e crítico da filosofia, p. 889) como sendo "a tendência para fazer predominar o 'ponto de vista psicológico'... sobre o ponto de vista específico de qualquer outro estudo (particularmente da teoria do conhecimento ou da lógica)". Este é, provavelmente, o significado adotado por Viktor Frankl para o termo usado diversas vezes em seus escritos. FRANKL, Viktot. Recollections, pp. 59, 63, 63, 67; A questão do sentido em psicoterapia, p. 116-118; logoterapia e análise existencial, pp. 25-26, 40-42, 104, 122, 147-148, 156 e 246.

10 *Sociologismo*: Doutrina segundo o qual a explicação dos principais problemas filosóficos e dos fatos essenciais da história das religiões depende da sociologia. LALANDE, André. *Vocabulário técnico e crítico da filosofia*, p. 1048. Também parece ser este o sentido adotado por Viktor Frankl, conforme seu relato em *A questão do sentido em psicoterapia*, p. 116.

em 1933, como termo alternativo, empregou *Análise Existencial*. No início de 1929, Frankl havia elaborado o conceito dos três grupos de valores nos quais é possível encontrar um sentido, a saber: o sentido de realizar algo, o sentido de ter uma experiência humana e, também, diante de uma fatalidade inevitável, assumir uma atitude de valor diante dos fatos. Sobre esse assunto falaremos mais longamente no segundo capítulo.

No início de sua carreira, Frankl formou centros de aconselhamento de jovens e deu aulas em organizações do movimento jovem socialista, ganhando bastante experiência. Experiência esta que lhe possibilitou conseguir a permissão rara, senão única, de trabalhar como psicoterapeuta, sem supervisão, na clínica do Dr. Pötzl, seu professor que o havia incentivado. Membro do partido nazista, apesar de não ser antissemita, o Dr. Pötzl corajosamente ajudou Frankl a cuidar de seus pacientes judeus (os únicos que lhes eram permitidos) e a sabotar o sistema nazista da eutanásia para os doentes mentais. Assim, por exemplo, um paciente esquizofrênico era notificado às autoridades como portador de afasia e no caso de melancolia, como delírio febril. Enquanto as demais clínicas não aceitavam mais pacientes judeus, Dr. Pötzl os recebia na sua. Desse modo, ironicamente, alguns judeus, portadores de doenças mentais, foram salvos da morte, ao contrário de alguns membros do partido nazista que estavam na mesma situação.

Frankl também adquiriu experiência em neurologia trabalhando com Josef Gerstmann durante dois anos e, mais tarde, durante os quatro anos como encarregado do "pavilhão das mulheres suicidas", no *Heil-und Pflegeanstalt am Steinhof* (Hospital Mental), atendendo a aproximadamente três mil mulheres por ano. Recorda-se que nos primeiros tempos nesse hospital tinha pesadelos relacionados a doenças mentais todas as noites, mas atribui a essa experiência um ganho na habilidade de fazer diagnósticos apurados. Nessa clínica, Frankl relata que sempre tinha a ideia de escrever um livro intitulado *Loucos dizem a verdade*, que esclarece a teoria da logoterapia (a logoteoria): quem está doente não necessariamente está errado, pois "duas vezes dois é quatro, ainda que um esquizofrênico o afirme".[11] Com isso, declara que a logoterapia trava sua batalha contra o psicologismo da psicoterapia.

A partir de 1937, Frankl passou a atender seus próprios pacientes como especialista em neurologia e psiquiatria, num consultório na casa de seus pais.

Humor, afinidades e amor

Viktor Frankl gostava de fazer piadas e trocadilhos. Para se fazer uma piada, ou mesmo uma ironia, é necessário certo grau de autodistanciamento, fundamental em ocasiões onde o desespero pode dominar. Usou esse tipo de autodistanciamento fornecido pelo humor em algumas ocasiões durante sua prisão em campos de concentração. Ele usava o humor também para se livrar de situações embaraçosas, especialmente quando estava diante de um público em uma conferência. Na logoterapia, a aplicação da intenção paradoxal, que mais adiante será explicada, muitas vezes é feita valendo-se do humor do paciente.

Um recurso que usou em sua juventude, quando queria impressionar alguma moça, era o seguinte: durante alguma

---

11 FRANKL, Viktor. *A questão do sentido em psicoterapia*, p. 116.

conversa, dançando, por exemplo, dizia o quanto estava empolgado com as palestras de um certo Frankl, que ensinava na escola de adultos, e sugeria com entusiasmo que a garota o acompanhasse em uma dessas palestras. Estrategicamente, sentavam-se no fim da primeira fila e a deixava espantada quando, sob aplausos, era ele quem iniciava a aula.

Conheceu sua primeira esposa, Tilly Grosser, em Viena, no hospital onde ambos trabalhavam, ela como enfermeira. Viktor dizia que essa enfermeira lhe chamava atenção, pois para ele, parecia uma dançarina espanhola. Ele diz que fora atraído por sua beleza, mas o que realmente o impressionava eram seu caráter e sua compaixão.

A mãe de Tilly que, segundo as leis vigentes, deveria ser deportada, não o foi porque sua filha tinha um benefício por ser enfermeira. Esse benefício foi cancelado e, justamente na véspera do dia em que o cancelamento seria aplicado, alguém tocou a campainha. Vencido o medo, finalmente abriram a porta, encontrando um mensageiro do Serviço da Comunidade Judaica que solicitava à mãe de Tilly que começasse em um novo emprego na manhã seguinte, como carregadora de móveis de judeus deportados, entregando-lhe um certificado que a protegia da deportação. Quando o mensageiro saiu, as três pessoas, Viktor Frankl, Tilly e sua mãe, mal podiam acreditar. A primeira a falar foi a jovem, dizendo: "Bem, Deus não é uma coisa e tanto?".[12] Porém, o fato decisivo para que Frankl se decidisse a casar com Tilly ocorreu em uma noite em que ela preparou o jantar na casa de seus futuros sogros. Viktor Frankl recebeu um chamado de emergência do Hospital Rothschild, pois uma paciente

---

12 FRANKL, Viktor. *Recollections*, p. 86.

havia tentado se matar, ingerindo comprimidos para dormir. Sem tempo de sequer tomar uma xícara de café, pôs alguns grãos de café no bolso (uma de suas paixões era essa bebida, a ponto de, quando viajava e sabia que o café local era fraco, levar seu próprio suprimento, em grãos ou pastilhas) e foi atender o chamado. Ao voltar, tarde da noite, Tilly o havia esperado para jantar e, sem se preocupar com seu atraso e com sua própria fome, a primeira coisa que lhe perguntou ao vê-lo novamente em casa, foi sobre o estado da paciente.

O casamento de Viktor e Tilly foi, juntamente com o de outro casal, o último que obteve, em Viena, a permissão das autoridades nazistas. Para os judeus, extraoficialmente, era proibido ter filhos, pois as mulheres judias que engravidavam eram imediatamente enviadas para o campo de concentração. Tilly sacrificou o feto que carregava dentro de si (a morte de ambos já estava decretada caso fossem para o campo de concentração) e, anos depois, Frankl dedicou o livro *The Unheard Cry for Meaning* para essa criança não nascida.

Após a Segunda Guerra, a foto de casamento que eles tiraram na ocasião serviu de ajuda inesperada. Frankl foi convidado para uma conferência em Zurique. Para ser reconhecido na estação de trem pelos seus anfitriões, combinou que usaria em seu casaco um triângulo vermelho invertido, emblema usado por prisioneiros no campo de concentração. Justamente naquele dia, a estação estava lotada de pessoas usando o mesmo símbolo em suas roupas, como parte de uma campanha para coletar recursos para as pessoas mais necessitadas. Frankl foi reconhecido porque sua anfitriã, amiga da família de Tilly, possuía a foto do casal no dia do matrimônio.

Religiosidade

Viktor Frankl não fala sobre sua própria religião, o judaísmo, mas, citando Paul Tillich, afirma: "ser religioso significa fazer a pergunta apaixonada pelo sentido de nossa existência". A terapia criada por ele permite que o homem se interesse pelo sentido último, o suprassentido,[13] sobre o qual discorreremos no terceiro capítulo. Além disso, Frankl diz:

> Não há dúvida de que essa nossa concepção de religião tem muito pouco a ver com estreiteza confessional e sua consequência, ou seja, a miopia religiosa que parece ver em Deus um ser que basicamente só pretende uma coisa: que o maior número possível de pessoas creia nele e ainda bem do jeito prescrito por uma denominação determinada. Simplesmente não consigo imaginar que Deus seja tão mesquinho. Igualmente acho inconcebível uma Igreja exigir de mim que eu creia. Afinal não posso querer crer – assim como também não posso querer amar, isto é, forçar-me a amar, da mesma maneira como também não me posso forçar a ter esperança, quando tudo evidencia o contrário.
> Afinal, existem certas coisas que não se podem querer e que, portanto, não se conseguem querendo ou ordenando. Para dar um exemplo muito simples: não posso rir sob comando. Se alguém quer que eu ria, terá que fazer um pequeno esforço e me contar uma piada.
> Algo análogo se dá com o amor e com a fé: não podem ser manipulados. Eles somente surgem como fenômenos intencionais quando se deparam com conteúdo e objeto adequados.[14]

Para ele, a humanidade caminha rumo a uma religiosidade cada vez mais pessoal e personalizada, na qual cada um

---

13 FRANKL, Viktor. *A presença ignorada de Deus*, p. 62.
14 *Ibid.*, pp. 62-63.

encontrará uma linguagem própria e originalmente sua para comunicar-se com Deus.

Campos de concentração

Frankl e sua família foram enviados, inicialmente, para o gueto de Theresienstadt, onde seu pai morreu. Na ocasião, Frankl conseguiu furtar uma injeção de morfina, que aplicou em seu pai em sofrimento por causa de um edema pulmonar. Em seu último diálogo, perguntou-lhe se sentia dor, se tinha algum desejo e se queria dizer algo. Diante das respostas negativas para todas essas questões, beijou-o e saiu. Teve, porém, o sentimento de que fez o que pôde por seus pais, pois teve oportunidade de deixar Viena e ir para os Estados Unidos, mas não quis fazê-lo uma vez que, sendo médico, conseguiu adiar o envio de sua família para os campos nazistas.

Após a morte de seu pai, Frankl beijava sua mãe sempre que a via ou se despedia, pois imaginava que talvez fosse pela última vez. De fato, quando foi enviado para Auschwitz com Tilly, pediu a bênção materna, que lhe foi concedida entre lágrimas. Uma semana depois, Elsa também foi transportada para o mesmo lugar, mas com destino direto às câmaras de gás.

Ao ser chamado para o *Transport East*, presumivelmente com Auschwitz como destino, Frankl insistiu ardentemente com sua esposa para que ela não se apresentasse como voluntária desse mesmo transporte. Tilly estaria protegida de ser executada por mais dois anos se continuasse trabalhando como enfermeira em Theresienstadt. Seu pedido, porém, foi em vão, e ambos foram encaminhados para o destino que tanto temiam. Ao se separarem, advertiu sua esposa firmemente, dizendo: "Tilly, permaneça viva a qualquer preço. Ouviu? A qualquer preço!". Com isso queria dizer que, se fosse necessário para sobreviver, Tilly deveria se prostituir, sem se sentir culpada diante de seu marido.[15] Tilly morreu no campo de Bergen-Belsen.

Em sua obra *Em busca de sentido*, Frankl relata suas experiências nos campos de concentração, com a intenção de retratar a experiência não dos heróis ou dos carrascos, mas sim das pequenas vítimas, do prisioneiro médio, que faziam parte da grande massa, tal como o autor se considera, que na maior parte das vezes, não sobreviveram para contar sua história. Ele afirma: "todos nós que escapamos com vida por milhares e milhares de felizes coincidências ou milagres divinos – seja lá como quisermos chamá-los – sabemos e podemos dizer, sem hesitação, que os melhores não voltaram.[16] A narração de Frankl está dividida em três partes, que serão descritas a seguir.

Primeira fase: recepção

Essa fase é caracterizada pelo que se chama "choque de recepção". Aos poucos, cada prisioneiro vai tomando um contato gradual com o horror: separa-se de sua casa e da sua rotina diária, deve levar poucos pertences para entrar, com ou sem familiares, em um vagão abarrotado de pessoas. Nesse vagão há pouco ar e nenhuma condição de higiene ou qualquer alimento, a não ser uma lasca de pão durante dias. A ansiedade a respeito do próprio destino é mesclada com uma ilusão de indulto, que a cada novo passo é desfeita.

---

15 FRANKL, Viktor. *Recollections*, p. 90.
16 FRANKL, Viktor. *Em busca de sentido*, p. 17.

Na parada do trem, ao olhar a placa do destino – Auschwitz – todos se abalam, sabem o significado do lugar. No desembarque ouvem comandos gritados da mesma forma que seriam repetidos cotidianamente, "o som é rouco e fanhoso, como se saísse da garganta de um homem que tem que gritar constantemente assim, porque está sendo constantemente assassinado...".[17]

O deportado agarra-se à sua esperança como um afogado a uma palha: olha para os demais prisioneiros responsáveis pela recepção e verifica que eles parecem bem alimentados, pensando: "quem sabe não seja tão ruim assim". Só mais tarde saberá que a boa aparência dos recepcionistas é conseguida por regalias, advindas do auxílio no assassínio e do aumento dos sofrimentos de outros prisioneiros, e que sua culpa só é suportada pela ingestão de muito álcool. De início, Viktor Frankl toma uma decisão importante: não assumir o papel do destino. A primeira seleção dos sobreviventes ocorre logo na primeira ordem de formar filas. Não se sabe se a morte está à direita ou à esquerda. Durante todo o período de prisão haverá seleções parecidas, repetidas vezes permanecerá a indefinição sobre de que lado estariam os destinados a sobreviver um pouco mais. Dessa vez, como em tantas outras, ele não foi escolhido para a morte imediata, porém mais tarde, ao perguntar a outros prisioneiros sobre o destino de seu colega escolhido para a outra fila, apontar-lhe-ão a terrível labareda que sai continuamente da chaminé. Em *Recollections*, Frankl relata sua primeira seleção, feita em Auschwitz, pelo Dr. Joseph Mengele. A princípio, foi-lhe designada a fila da esquerda, mas como na outra fila

---

17 FRANKL, Viktor. *Em busca de sentido*, p. 21.

havia conhecidos de Frankl, assim que Mengele lhe deu as costas, rapidamente trocou de fila.[18]

Os *sondercommand*[19] ordenam que todas as posses pessoais sejam colocadas sobre alguns cobertores. Renitente diante da ordem, Frankl tenta argumentar, dizendo que tem um manuscrito – trabalho de toda a sua vida – que deve ser preservado (era o esboço de sua obra *The Doctor and the Soul*).[20] A expressão do guarda começa compassiva, torna-se zombeteira e, seguido de uma careta, vem o grito da palavra mais ouvida pelo prisioneiro no campo de concentração: "Merda!". Nesse momento Viktor Frankl dá por encerrada toda sua vida até ali...

Cada prisioneiro tem seus pêlos e cabelos raspados e fica nu. Resta-lhes apenas a existência, nada mais. Diante da contínua desilusão, o prisioneiro é tomado por um humor negro, faz piadas forçadas diante da situação, mas logo em seguida vem a curiosidade, a alma se retrai para salvar-se fora daquele horror e começa a observar o que acontece, perguntando-se sobre o que vem a seguir e se surpreendendo com suas próprias reações. Mais surpresas são reservadas ao se verificar que é possível, por exemplo, pegar no sono mesmo num amontoado de pessoas, em beliches duros e imundos, que os dentes não apodrecem mesmo sem meses

---

18 FRANKL, Viktor. *Recollections*, p. 93.
19 *Sondercommand* eram os prisioneiros dos campos de concentração que se encarregavam, mediante certas vantagens, de tarefas especiais, tais como coletar os objetos de valor dos prisioneiros recém-chegados, conduzi-los às duchas ou às câmaras de gás ou introduzir os cadáveres nos fornos crematórios. No filme *Cinzas da guerra* (The Grey Zone, EUA, 2001), são bem retratadas as pessoas nessa situação, assim como a referência a que as pessoas que ingressavam em um campo de extermínio podiam ser encontradas na fumaça das chaminés.
20 Este livro foi editado pela primeira vez em 1946.

de higiene bucal e que se sobrevive à exposição contínua e prolongada ao frio e ao sono, muito além do limite estimado em tratados de medicina.

Na primeira noite, o psicólogo faz também o propósito de "não ir para o fio", ou seja, tocar no arame farpado de alta tensão que delimita o campo. Aliás, essa não era uma decisão incomum, pois o prisioneiro de Auschwitz sabe que a morte está à sua espreita e provavelmente virá em breve. O horror de tudo que o cerca é tão grande que a morte não amedronta mais, apenas o poupa da decisão de buscá-la.

Segunda fase: a vida no campo de concentração

Após o primeiro estágio de choque, a apatia vai tomando conta do prisioneiro, como se ele morresse aos poucos interiormente.[21] As sensações, tais como saudade dos entes queridos e o nojo de toda a feiúra que se encontra à sua volta e em si mesmo, são torturantes demais e, por isso, suprimidas. A lama, os excrementos, as torturas sádicas, o abandono, porém, ainda o tocam. Entretanto, alguns dias depois, nada disso o afetará. "O nojo, o horror, o compadecimento, a revolta, tudo isso nosso observador já não pode sentir nesse momento".[22] Nada se sente diante de um menino que tem seus pés gangrenados pelo frio, pois a cena é corriqueira demais. Se alguém morre na enfermaria, um se aproxima para pegar algum resto de comida de seus bolsos, outro para verificar se os sapatos ou qualquer pertence do defunto está em condições de

---

21 FRANKL, Viktor. *Em busca de sentido*, p. 29.
22 *Ibid.*, p. 30.

uso. Se há algo que pode ser aproveitado, imediatamente é surrupiado. Quando um grupo dos menos doentes reúne forças, arrasta o corpo até fora da barraca e, se a sopa for servida logo em seguida, todos se alimentam com indiferença. A visão do antigo colega – que há poucas horas estava com eles conversando – jazendo do outro lado da porta, não desperta senão o sentimento de admiração com a própria insensibilidade.

Não é a dor física o que mais afeta o prisioneiro, mas "a dor psicológica, a revolta pela injustiça ante a falta de qualquer razão",[23] o desprezo do guarda que não se dá ao trabalho nem de chamar o prisioneiro verbalmente, mas o faz atirando uma pedra em sua direção, como se chamasse a um cão; ou ainda o escárnio de outro que xinga um médico dedicado, chamando-o de vagabundo e explorador.[24]

---

23 FRANKL, Viktor. *Em busca de sentido*, p. 32.
24 Em *Os afogados e os sobreviventes* (p. 115), Primo Levi nos diz: "à parte o trabalho, também a vida no alojamento era mais penosa para o homem culto. Era uma vida hobbesiana, uma guerra contínua de todos contra todos (insisto: trata-se de Auschwitz, capital concentracionária, em 1944. Em outros lugares ou em outras épocas, a situação podia ser melhor, ou até muito pior). O soco dado pela Autoridade podia ser aceito, era, literalmente, um caso de força maior; ao contrário, não se podiam aceitar, porque inesperados e fora das regras, os golpes recebidos dos companheiros, aos quais raramente o homem civilizado sabia reagir. Além disso, uma dignidade podia ser encontrada no trabalho manual, inclusive no mais cansativo, e era possível a ele adaptar-se, quem sabe nisso percebendo uma ascese grosseira ou, segundo o temperamento, um medir-se conradiano, um reconhecimento dos próprios limites. Era muito mais difícil aceitar a *routine* do alojamento: arrumar a cama no modo perfeccionista e idiota que descrevi entre as violências inúteis, lavar o chão de madeira com sórdidos trapos molhados, vestir-se e desnudar-se sob ordens, exibir-se nu por ocasião dos inúmeros controles de piolhos, sarnas, da limpeza pessoal, adotar a paródia militarista da

Certa noite, Viktor Frankl percebe que um colega seu tem pesadelos e, quase ao acordá-lo, decide que seria uma crueldade fazê-lo. Nenhum sonho pode ser tão ruim quanto à realidade que os cerca. Os sonhos dos prisioneiros são frequentemente sobre comida, pois a fome é incessante durante sua estadia no campo de concentração. O pensamento contínuo em alimentar-se incomoda mais ainda pela indignidade de ocupar um espaço tão grande. A fome está presente em cada momento, e é possível prever quanto tempo de vida uma pessoa ainda tem ao observar o estado de seu corpo que devora a si mesmo. Esse cálculo é feito com base na observação de um grande número de casos. O desejo por comida não ocupa somente o sono dos prisioneiros. Muitos gastam boa parte do tempo também falando sobre planos de grandes banquetes. Viktor Frankl logo percebe que tais devaneios tinham o poder de piorar o mal-estar. Perde-se também longo tempo pensando sobre qual seria a melhor decisão: comer aos poucos a porção de pão, guardando pedaços para serem consumidos durante o dia, ou tentar amenizar o vazio do estômago de uma só vez. Provavelmente devido à subnutrição, não havia nesse confinamento casos de depravação sexual e a libido raramente se manifestava em sonhos.

Com a vida sob constante ameaça, a insensibilidade dos prisioneiros se manifestava na depreciação de tudo o que não servia exclusivamente à sobrevivência. Por exemplo, num transporte de prisioneiros para o campo de Dachau, o trem

---

'ordem unida', da 'posição de sentido', de 'tirar o gorro' de improviso diante do SS graduado, de ventre suíno. Isso, sim, era percebido como uma destituição, uma regressão mortal para um estado de infância desolado, carente de amor e de mestres".

passava defronte ao lugar onde Frankl nascera e vivera por longos anos. Todos no vagão se imaginavam indo ao encontro da morte em um dos campos de extermínio, e cada um tinha a sensação de ser um morto-vivo. Aos insistentes pedidos para ver pela última vez, através da fresta, seu antigo lar, Frankl recebeu como resposta o argumento de que já havia vivido ali por tantos anos, não necessitando ver o lugar novamente.

O refúgio para alguém em tal situação é buscar em seu íntimo a própria riqueza interior. Aqueles que possuíam maior vida intelectual e cultural estavam mais protegidos da devastação espiritual. Viktor Frankl recorda um momento em que os prisioneiros, fustigados pelo frio, por dores, pela fome, pelos açoites e gritos dos guardas, conforme andavam em direção ao campo, sujos e com roupas em farrapos, reagiam imediatamente a um comentário sobre qual seria o pensamento de suas esposas se os vissem em tais condições. Em meio aos pensamentos invadidos por lembranças, ele se dá conta, naquele momento, de que o amor por uma pessoa independe de sua existência física. Percebeu a verdade descrita em Cântico dos Cânticos 8:6 – *Põe-me como selo sobre o teu coração... porque o amor é forte como a morte.*

Estás no valo trabalhando. O crepúsculo que te envolve é cor-de--cinza, o céu é cinzento, cinzenta a neve no pálido lusco-fusco, os trapos dos seus companheiros são cinzentos, e também os semblantes deles são cor-de-cinza. Retomas outra vez o diálogo com o ente querido. Pela milésima vez lanças rumo ao sol teu lamento e tua interrogação. Buscas ardentemente uma resposta, queres saber o sentido do teu sofrimento e teu sacrifício – o sentido de sua morte lenta. Numa revolta última contra o desespero da morte à sua frente, sentes teu espírito irromper por entre o cinzento que te envolve, e nessa revolta derradeira sentes que teu espírito se alça acima desse mundo, desolado e sem sentido, e suas indagações por um sentido último recebe, por fim, de algum lugar, um vitorioso e regozijante "sim". Nesse mesmo instante acende-se ao longe uma luz, na janela de uma distante moradia camponesa, postada feito bastidor à frente do horizonte, em meio à cinzenta e desolada madrugada bávara – et lux in tenebris lucet, e a luz resplandece nas trevas. Agora estiveste horas a fio picando o chão congelado, outra vez passou a sentinela e debochou um pouco de ti, e de novo recomeças o diálogo com teu ente querido. Tens cada vez mais o sentimento de que ela está presente. Sentes que ela está ali. Crês poder tocá-la, parece precisar apenas estender a mão para tomar sua mão. E com grande intensidade te invade o sentimento: Ela está aqui! Eis que no mesmo instante – o que é aquilo? – sem que tenhas notado, acaba de pousar um passarinho à sua frente, sobre o torrão que acabaste de cavar, para te fitar atento e sereno...[25]

    Consideradas as condições existentes no campo de concentração, havia o que se poderia chamar de arte. Aqueles que sabiam cantar podiam garantir para si uma ração dupla de sopa, retirada do fundo do caldeirão, quer dizer, com um pouco mais de comida sólida. Ao mesmo tempo, esse canto beneficiava também aos demais homens que, em seu cansaço, durante o intervalo para o almoço, podiam se distrair da dureza extrema de suas vidas. Por vezes, até se improvisava algum teatro, com peças cujos temas frequentemente tratavam de ironias sobre a situação vivida, assistidas pelos que passavam relativamente bem no campo ou que precisavam esquecer suas dores por alguns instantes, abrindo mão da refeição noturna para ter esse alívio. A arte, propriamente, vinha mais do contraste entre o apresentado e a desoladora realidade. O humor também era existente no campo, na forma de ironia, manifestando-se

---

25 FRANKL, Viktor. *Em busca de sentido*, pp. 45-46.

quando situações cômicas, entre outras, eram imaginadas, como, por exemplo, em relação ao que poderia ocorrer num possível retorno ao lar: num jantar elegante, um ex-prisioneiro pede à anfitriã para retirar a sopa do fundo da panela. A insensibilidade, o refúgio no interior de si mesmo, a arte e toda forma de humor eram, em última instância, modos encontrados pela alma para se autopreservar. Outro efeito comum em situação tão extrema é a irritabilidade. Poder-se-ia ser punido por pequenos detalhes, como um quarto sem a organização exigida ou uma palha fora do lugar. Se o prisioneiro comum frequentemente estava a ponto de perder o controle e brigar com seus colegas, o que dizer então dos que tinham alguma função que conferia poder, como a de cozinheiro, chefe de depósito ou "kappo"?[26] Esses, por quase nada, explodiam e

---

26 Um kappo era um prisioneiro encarregado de guardar os outros prisioneiros. Normalmente eram escolhidos para essa função os homens (ou mulheres) mais violentos. Primo Levi em *Os afogados e os sobreviventes* (pp. 40-41) diz: "Quem se tornava kappo? Mais uma vez é preciso distinguir. Em primeiro lugar, aqueles a quem a possibilidade era oferecida, ou seja, os indivíduos nos quais o comandante do Lager ou seus delegados (que muitas vezes eram bons psicólogos) entreviam a potencialidade de colaborador: criminosos comuns egressos das prisões, aos quais a carreira de esbirro oferecia uma excelente alternativa à detenção; prisioneiros políticos enfraquecidos por cinco ou dez anos de sofrimentos ou, de um modo ou de outro, moralmente debilitados; mais tarde, até judeus, que viam na migalha de autoridade que se lhes oferecia o único modo de escapar da 'solução final'. Mas muitos, como dissemos, aspiravam ao poder espontaneamente: buscavam-no os sádicos, por certo não numerosos, mas muito temidos, uma vez que para eles a posição de privilégio coincidia com a possibilidade de infligir aos subordinados sofrimento e humilhação. Buscavam-no os frustrados, e também isso é um traço que reproduz no microcosmo do Lager o macrocosmo da sociedade totalitária: em ambos, fora da capacidade e do mérito, o poder é concedido generosamente a quem esteja disposto

eram cruéis, como que para compensar seu sentimento primitivo de inferioridade.

A alegria também existia em pequenas doses. Ocorria, por vezes, ao se saber que mais um dia de sobrevivência foi ganho, como na ocasião do transporte para Dachau, em que todos se congratularam ao ver que o trem não se dirigia para Mauthausen, onde havia "lareira". Na maioria das vezes, tratava-se de uma alegria negativa: a de ser poupado de mais um sofrimento. Raras eram as ocasiões em que havia regozijo por se ganhar algo e esse ganho normalmente era relativo a coisas simples, tais como o fato de a sopa do dia ser servida por alguém que se preocupava com uma distribuição mais igualitária.

Grande alívio teve Viktor Frankl ao ficar doente e poder descansar alguns dias no barracão. Ainda que o lugar fosse infecto e a ração de pão reduzida, sua vida foi poupada durante esses dias, pois seu estado de fraqueza não o permitiria trabalhar por sequer mais um período. Sua sorte foi aumentada quando aceitou atuar como médico no setor de doentes de tifo. Apesar de todo o risco que esse trabalho envolvia, ciente de seu estado físico e prevendo sua morte próxima, preferiu passar seus últimos dias fazendo algum trabalho que fizesse sentido.

A grande batalha para o prisioneiro era a de não se desvalorizar aos seus próprios olhos.[27] Cada um buscava

---

a reverenciar a autoridade hierárquica, conseguindo assim uma promoção social inalcançável de outro modo. Buscavam-no, enfim, muitos entre os oprimidos que sofriam o contágio dos opressores e tendiam inconscientemente a identificar-se com eles". Há um filme que trata justamente desse tipo de personagem: *Kappo: uma história do holocausto* (Kapò, Itália, 1960).

[27] Primo Levi observa sobre essa autodesvalorização: "Imagine-se, agora, um homem privado não apenas dos seres queridos, mas de sua

submergir na massa, como uma ovelha num rebanho cercado por uma matilha. Todo esforço feito no sentido de não chamar atenção sobre si podia levar o prisioneiro à autoanulação. Era necessário, portanto, por vezes buscar a solidão e a reflexão. Viktor Frankl pôde obter esse recolhimento por ocasião de seu trabalho na enfermaria. Sempre que podia, sentava-se sobre o hidrante subterrâneo, onde desfrutava do silêncio. Certa vez esse seu hábito salvou a vida de três companheiros que haviam se escondido sob a tampa desse hidrante, fugindo de mais um transporte para algum local de extermínio. Os guardas que os procuravam não foram procurar por lá, pois estavam acostumados a ver o médico sentado sempre naquele mesmo lugar. E assim, por muitas coincidências e pequenas escolhas, alguém podia encerrar rapidamente sua vida ou ganhar mais alguns dias. Todos eram alvo de uma infinidade de decisões arbitrárias e cada um era joguete do destino. Uma decisão aparentemente sábia podia revelar-se desastrosa no futuro.

Certa vez, o médico-chefe ofereceu a Frankl a oportunidade de ser excluído de uma lista de transporte, pois havia muitos indícios de que o destino de tal transporte fosse uma câmara de gás. O psicólogo recusou a oferta, pois permanecia fiel à sua decisão de não interferir no destino.

<><><><><><><><><><><><><><><><><><><><>
casa, seus hábitos, sua roupa, tudo, enfim, rigorosamente tudo que possuía; ele será um ser vazio, enfim, reduzido a puro sofrimento e carência, esquecido de dignidade e discernimento – pois quem perde tudo, muitas vezes perde também a si mesmo; transformado em algo tão miserável, que facilmente se decidirá sobre sua vida e sua morte, sem qualquer sentimento de afinidade humana, na melhor das hipóteses, considerando puros critérios de conveniência. Ficará claro, então, o duplo significado da expressão "Campo de extermínio", bem como o que desejo expressar quando digo: chegar no fundo". LEVI, Primo. *É isto um homem?*, p. 25.

Ao se despedir de um amigo, recomendou-lhe, como num testamento, que falasse com sua esposa, caso a encontrasse. Queria que ela soubesse o quanto ele a amava e que a vida com ela, apesar de ter durado tão curto período, compensou todo sofrimento pelo qual passou. Já liberto, soube de notícias desse campo que havia deixado: lá a fome veio após alguns meses, e com tal força que até o canibalismo chegou a ser praticado.

Em outra ocasião, porém, aceitou participar de uma fuga planejada por um amigo, mas tomado por um sentimento incômodo, desistiu na última hora. Passados dias, quando o campo no qual se encontrava já quase não tinha mais pessoas, aceitou novamente fugir com esse colega. O plano era ajudar no transporte de três cadáveres para fora do campo, encobrindo dois deles com mochilas com víveres e não retornar do transporte do último. Seu colega, porém, no último instante, foi buscar algo e demorou, o que fez com que fossem surpreendidos pela chegada do caminhão da Cruz Vermelha. Mais uma vez, depois de passado o incidente, souberam que não teriam escapado com vida, pois a demora impedira que fossem eliminados com os últimos sobreviventes que os guardas encontraram pelo caminho.

Apesar de o representante da Cruz Vermelha ter se hospedado na casa de um camponês, num local próximo, a SS deu ordens de desocupar o campo imediatamente. Viktor Frankl e seu colega foram os únicos que não couberam no caminhão que supostamente os levaria para a liberdade, mas que na verdade foi para um galpão num campo vizinho, onde os transportados foram trancados e incendiados. Na ansiedade daquela última noite de prisão, ele e seu colega foram acordados com os tiros: a frente de combate havia chegado.

Terceira fase: após a libertação

O prisioneiro, após sua libertação, foi tomado por um sentimento de irrealidade, a ponto de, na noite seguinte, admitir que não chegara a ficar alegre. Ele desconfiava que essa liberdade não fosse verdadeira. Seu corpo, porém, não se inibiu e ele comeu por horas a fio. Em seguida, foi tomado pela compulsão de contar o que havia passado a quem pudesse ouvir e, diante de olhos incrédulos, passou a relatar os mais horríveis fatos, difíceis de serem imaginados. Com o tempo, porém, não era mais apenas sua língua que se soltava – era também sua alma. Certa vez, andando por lugares floridos, deixou-se, de repente, invadir pela beleza ao redor e, prostrando-se de joelhos, ouviu as palavras: "na angústia gritei para o Senhor, e ele me respondeu no espaço livre". Naquele momento, começou uma nova vida.[28]

Muitos, porém, infelizmente não tinham para onde voltar. Suas casas não existiam mais e, ainda que estivessem no mesmo lugar, lá não estariam os seus familiares. Alguns se entregaram à vingança, à desilusão e à amargura.

> *De uma forma ou de outra, para cada um dos libertos chegará o dia em que, contemplando em retrospecto a experiência do campo de concentração, terá uma estranha sensação. Ele mesmo não conseguirá mais entender como foi capaz de suportar tudo aquilo que lhe foi exigido no campo de concentração. E se houve um dia em sua vida em que a liberdade lhe parecia um lindo sonho, virá também o dia em que toda a experiência sofrida no campo de concentração lhe parecerá um mero pesadelo. Essa experiência do libertado, porém, é coroada*

---

28 FRANKL, Viktor. *Em busca de sentido*, p. 86.

pelo maravilhoso sentimento de que nada mais precisa temer neste mundo depois de tudo que sofreu – a não ser Deus.[29]

A recuperação

Em seus últimos dias no campo de concentração, Frankl contraiu tifo exantemático.[30] Para evitar entrar em colapso enquanto dormia e também aproveitando a agitação da febre, refez suas anotações em pequenos pedaços de papel e mais tarde usou-as para reconstruir seu livro confiscado. Assim que voltou a Viena, procurou o professor Pötzl que estava sem recursos nessa época, pois havia sido demitido de seu posto. Um pouco antes desse encontro teve a notícia da morte de Tilly e foi consolado pelo professor e sua esposa. Outro amigo seu, Bruno Pitterman, convenceu-o a assinar um formulário pedindo uma posição no *Poliklinik Krankenhaus in Wien* (Hospital Policlínico de Viena), onde Viktor seria chefe do departamento de neurologia durante 25 anos. Otto Kauders, sucessor de Pötzl como chefe da psiquiatria na Clínica da Universidade, encorajou Frankl a escrever um terceiro e último manuscrito de seu primeiro livro. Isso lhe parecia a única coisa que valeria a pena fazer no momento. Tinha a convicção de que em meio a tantas perdas e sofrimento, deveria haver, afinal, algum sentido e que alguma coisa ainda o esperava.

---

29 FRANKL, Viktor. *Em busca de sentido*, p. 88.
30 Doença infectocontagiosa causada pela *Rickettsia prowazekii*, transmitida ao homem pelo piolho, caracterizada por fraqueza, febre alta e erupção maculopapular; tifo epidêmico. *Dicionário Houaiss da Língua Portuguesa*.

Frankl ditou sua obra às estenógrafas durante dias, em uma pequena sala quase sem móveis e com papelões nos lugares das janelas quebradas. Após ter aberto tão intensamente seu coração, desmoronou em uma cadeira, em lágrimas. Suas dores novamente foram revividas. No mesmo ano ditou, em apenas nove dias, seu livro *Em busca de sentido*. A princípio, pretendia publicar esse relato sob um pseudônimo, mas foi convencido pelos amigos de que seria melhor assumir a autoria. Esse livro foi traduzido em pelo menos vinte e quatro línguas e escolhido cinco vezes por faculdades americanas como "o livro do ano".

Frankl dedicou o restante de sua vida a divulgar a logoterapia, escrevendo livros e artigos, lecionando e proferindo palestras ao redor do mundo. Em 1946, conheceu Eleonore Katharina Schwindt, enfermeira da policlínica, que se tornou sua esposa em 1947. Tiveram uma filha, Gabriele, e dois netos. Sua segunda esposa o acompanhou em suas viagens e o auxiliou entusiasticamente na divulgação de sua obra. Juntos praticavam o esporte predileto de Frankl: o alpinismo.

Em 1948 obteve seu doutorado em Filosofia, com o tema "O Deus inconsciente". Visitou o Brasil três vezes e se tornou doutor *honoris causa* em diversas instituições de ensino, inclusive na Universidade do Rio Grande do Sul, no Brasil. Faleceu em dois de setembro de 1997. Em uma entrevista realizada na série *Man Alive*, neste último ano de vida, Frankl afirmou:

> *Meus editores americanos costumam trazer à baila a história de que eu saí de Auschwitz com um novo ramo de psicoterapia, com um novo sistema e tudo o mais. Há um erro nisso: eu entrei em Auschwitz com o manuscrito completo do meu primeiro livro escondido em meu bolso. E foi precisamente nesse manuscrito – que posteriormente foi publicado*

nos EUA sob o título The Doctor and the Soul – *que eu desenvolvi a ideia do significado incondicional da vida. Portanto, a ideia de que a vida faz sentido e* permanece *significativa sob quaisquer condições é um conceito a que cheguei* anteriormente *às minhas experiências no campo de concentração. Assim dá para dizer que essa ideia, essa convicção da significação incondicional da vida foi mantida, ela* sobreviveu *à experiência do campo, e é ainda uma convicção,* apesar *do sofrimento e de todas as mortes ao nosso redor no campo de concentração. E o próprio campo de concentração estava ali servindo meramente como um campo de provas para* confirmar – *vivencialmente e experimentalmente – a justificativa de minha convicção.*[31]

Quando Viktor Frankl entregou seu casaco com o manuscrito – seu "filho espiritual" – ao guarda de Auschwitz, viu que sua grande obra estava perdida. A realização que tanto sentido conferia à sua vida jamais ocorreria. Em troca, recebeu um casaco em farrapos, em cujo bolso havia uma única página, na qual estava escrita a oração *Shemá Ysrael*.[32] Naquele momento compreendeu que seu principal desafio não seria colocar seus pensamentos num papel, seria vivê-los. Felizmente, fez ambos.

---

31 <www.endireitar.org/site/artigos/endireitar/403-o-homem-vive--entrevista-com-viktor-frankl>.
32 Essa oração significa: "Ouve, Israel, Adonai é nosso Deus, Adonai é Um" (*Shemá Yisrael, A-do-nai E-lo-hê-nu, A-do-nai Echad*).

Capítulo II
Sobre logoterapia e cura

Quem sabe amar e sofrer, sabe tudo.

Santa Teresa de Lisieux

A o se conhecer as condições de vida em um campo de concentração, como as que foram descritas no capítulo precedente, uma pergunta emerge: é possível se falar em liberdade humana em tais condições? Para Viktor Frankl:

> *Quem dos que passaram pelo campo de concentração não saberia falar daquelas figuras humanas que caminhavam pela área de formatura dos prisioneiros, ou de barracão em barracão, dando aqui uma palavra de carinho, entregando ali a última lasca de pão?*
>
> *E mesmo que tenham sido poucos, não deixou de constituir prova de que no campo de concentração se pode privar a pessoa de tudo, menos da liberdade última de assumir uma atitude alternativa frente às condições reais.*[33]

Segundo ele, a cada momento, mesmo em condições mais extremas, existe uma última liberdade restante ao ser humano: a de configurar a vida de forma a ter sentido.[34]

---

33 FRANKL, Viktor. *Em busca de sentido*, p. 66.
34 Lalande define sentido como: "orientação de um movimento; ordem em que um móbil percorre uma série de pontos. 'No sentido das agulhas de um relógio.' 'O sentido da evolução'". Todavia, em nota de rodapé diz: "por vezes, significação escondida sob as aparências e revelada pela intuição. O Ocidente é fanático pela exatidão. Ignora quase tudo do sentido (*Sinn*). KEYSERLING. *Diário de um viajante*, t. II". LALANDE, André. *Vocabulário técnico e crítico da filosofia*, p. 1005.

Ainda que tudo seja arrancado de um indivíduo, ele mantém sua liberdade interior inalienada[35] e deve assumir diante da vida a responsabilidade pelo que ela lhe solicita. A busca de sentido é, de acordo com o autor, a motivação primária do ser humano[36] e cada um deve encontrar esse sentido que lhe é exclusivo e específico. Na verdade, não é o homem que pergunta pelo sentido de sua existência, mas sim a vida que continuamente lhe dirige as seguintes perguntas: "qual é o sentido para o que você está vivendo nesse momento?" e "que responsabilidade você deve assumir para cumprir esse sentido?". Além disso, o sentido sempre será encontrado em cada situação vivida, em cada momento. Assim como seria absurdo perguntar a um grande enxadrista qual é a melhor jogada do mundo, também seria absurdo generalizar a

<hr/>

Quando Viktor Frankl utiliza esse termo, dizendo que com a motivação primária, de conteúdo exclusivo e específico, podemos entendê-lo tanto em relação ao sentido matemático, primeira definição dada acima, quanto em relação ao significado, apontado na segunda definição. Ou seja, ele usa o termo "sentido" para nos dizer para onde (ou para quem) o homem se dirige em suas ações (no capítulo III esse uso ficará mais claro) e também para falar da significação do que é vivenciado por um ser humano como, por exemplo, no caso de uma dor inevitável, ou ao considerar o passado como um depósito onde os tesouros da experiência humana são acumulados.

35 Camus fala da liberdade humana de subtrair-se ao sofrimento e ao sentimento de absurdo provocado pelo mal, através do suicídio. Conclui que mesmo diante do absurdo, é preciso recusar o suicídio. É necessário enfrentar o absurdo. Segundo o filósofo e escritor francês, "matar-se, em certo sentido, e como no melodrama, é confessar. Confessar que fomos superados pela vida ou que não a entendemos". CAMUS, Albert. *O mito de Sísifo*, p. 19. A liberdade à qual Viktor Frankl se refere não é a de fugir do sofrimento a qualquer custo, ao ponto de destruir a vida. Diante de um sofrimento inevitável, temos que assumir nossa liberdade interior e fazer do sofrimento uma realização humana.

36 FRANKL, Viktor. *Em busca de sentido*, p. 66.

possibilidade de sentido como se ele fosse coletivo ou único durante toda a existência de uma pessoa.

Frankl afirma que há dois tipos de objeção, comumente feitas, à afirmação de que a vida possui um sentido incondicional. A primeira seria a de que nossa finitude, o próprio fato da morte, faz com que a vida perca seu sentido. Diante desse argumento, Frankl responde que é justamente a morte que torna a vida mais repleta de sentido, pois se tivéssemos um tempo indefinido, adiaríamos a responsabilidade de cumprir agora o que a vida nos solicita. "A transitoriedade da nossa existência não a torna, de forma nenhuma, sem sentido. Ela constitui, na verdade, a nossa responsabilidade, pois agora tudo depende de realizarmos também as possibilidades (transitórias).[37] Para ele, a responsabilidade significa mais que a liberdade, uma vez que somos responsáveis por algo ou perante algo, mas somos livres de alguma coisa.

A segunda objeção seria a de que não é a limitação no tempo, mas nossas imperfeições e incapacidades que tornam a vida desprovida de sentido. Mais uma vez, Frankl responde que são nossas limitações que criam uma maior possibilidade para a escolha de sentido. Ele afirma que as imperfeições é que fazem com que cada homem seja único, singular e, por isso mesmo, cada pessoa tem uma missão na vida que somente ela poderá cumprir. Costuma comparar a humanidade a um grande mosaico, no qual cada peça é incompleta e imperfeita, mas fundamental e insubstituível no desenho formado.

Para definir o ser humano, Frankl adota a definição de Max Scheler sobre a pessoa. Para ele, a pessoa é detentora e

---

37 FRANKL, Viktor. *A psicoterapia na prática*, p. 72.

"centro" de atos espirituais.[38] Ele afirma, então, que o psicofísico se agrupa em torno do centro espiritual. Para Frankl, a pessoa "tem" um psicofísico enquanto "é" espiritual. Sendo assim, esse "eu espiritual" é o principal responsável pela diferenciação entre os seres humanos. Cada homem tem por dever descobrir qual é o sentido das situações vividas. Ao fazer essa descoberta, também se lhe revela qual responsabilidade deve ser assumida. Essa responsabilidade é individual e única para cada ser humano e para cada situação.

O autor relata que no campo de concentração alguns prisioneiros, ansiosos por saber se conseguiriam sobreviver ou não, afirmavam que, caso isso não ocorresse, todo o sofrimento passado não teria sentido. Ele discordava dessa posição, pois "uma vida cujo sentido depende exclusivamente de se escapar com ela ou não e, portanto, das boas graças de semelhante acaso – uma vida dessas nem valeria a pena ser vivida".[39]

O sentido a ser descoberto em cada situação pode permanecer oculto. Pensando nisso, Frankl propõe um método, um caminho que tem como objetivo a busca de sentido: a logoterapia, ou Análise Existencial (*Existenzanalyse*). É a terapia criada por Viktor Frankl e significa a terapia da busca de sentido. Ele diz, na obra *Em busca de sentido*, o seguinte:

> Quero explicar por que tomei o termo "logoterapia" para designar minha teoria. O termo "logos" é uma palavra grega e significa "sentido"! A logoterapia, ou, como tem sido chamada por alguns autores, a "A Terceira Escola Vienense de Psicoterapia", concentra-se no sentido da existência humana, bem como na busca da pessoa por esse sentido.

38 FRANKL, Viktor. *A presença ignorada de Deus*, p. 20.
39 FRANKL, Viktor. *Em busca de sentido*, p. 68.

Para a logoterapia, a busca de sentido na vida da pessoa é a principal força motivadora no ser humano. Por essa razão costuma-se falar de uma vontade de sentido, a contrastar com o princípio do prazer (ou, como também poderíamos chamá-lo, a vontade de prazer) no qual repousa a psicanálise freudiana, e contrastando ainda com a vontade de poder, enfatizada pela psicologia adleriana através do uso do termo "busca da superioridade".[40]

Frankl diz também ter escolhido um neologismo para designar sua teoria psicológica para não ter de falar na primeira pessoa e nem ser cultuado.[41] Inúmeras vezes afirmou que não pretendia formar discípulos e que seu desejo era o de que seus alunos aprimorassem sua teoria psicológica e fossem além dela.

O termo *análise existencial* (*Ezistenzanalyse*), difere de outro: *análise da existência* (*Daseinsanalyse*).[42] Frankl afirma que tanto a análise existencial quanto a análise da existência dedicam-se a esclarecer a existência, mas no caso do segundo termo, a preocupação é a de esclarecer a existência no sentido de esclarecer o ser, enquanto que no primeiro caso, há um avanço para o esclarecimento de um sentido, de

40 FRANKL, Viktor. *A psicoterapia na prática*, p. 92.
41 FRANKL, Viktor. *Logoterapia e análise existencial*, p. 248.
42 O termo *Daseinsanalyse* aparece pela primeira vez na obra de Heidegger, *Ser e tempo*, em 1927, com o objetivo de denominar a explicitação filosófica das características ontológicas constituintes do ser humano (a abertura original ao mundo, a temporalidade do homem, sua espacialidade original, sua afinação, seu estado de humor, seu estar com o outro, sua corporeidade e seu caráter de ser mortal. Binswanger, considerando a importância do pensamento de Heidegger para descrever as síndromes e os sintomas concretos do homem, criou a *Daseinpsychologie*, às vezes também referida como *Daseinsanalyse*. DORIN, E. *Dicionário de psicologia*, p. 22; Associação Brasileira de Daseinsanalyse (ABD), <www.daseinsanalyse.org/dasein_historia_1.htm>.

possibilidades de sentido. Além disso, a análise existencial é uma terapia ou, mais precisamente, uma antropologia terapêutica. É uma explicação da existência que não se preocupa em fazer uma síntese da mesma, mas em salientar que a existência, a pessoa, também se explica a si mesma.[43] A análise da existência não se constitui como terapia no verdadeiro sentido da palavra,[44] ao contrário da análise existencial.

A *Ezistenzanalyse* e a *Daseinsanalyse* diferem, igualmente, da *Daseinpsychologie* (também traduzida como análise existencial), criada pelo psiquiatra suíço Ludwig Binswanger. Essa última consiste em um método da Psicologia Existencial para analisar as experiências presentes, buscando compreender os sintomas pela existência, focalizando, assim, o tratamento do paciente e não da síndrome.[45]

De acordo com o fundador da logoterapia, nenhuma teoria psicológica pode se abster de reconhecer o pensamento de Freud e o de Adler. Apresentá-los aqui, porém, fugiria ao escopo deste livro. No entanto, para que possamos melhor compreender a proposta de Frankl, apresentaremos, a seguir, um breve resumo das teorias psicológicas desses dois fundadores.

Sigmund Freud (1856 – 1939), médico neurologista judeu-austríaco, foi inicialmente influenciado por Charcot, aplicando, como este, a hipnose no tratamento da histeria. Depois das investigações desenvolvidas com Josef Breuer (1895), a técnica da hipnose foi substituída pelo método catártico, que consiste em levar o paciente a descarregar tensões, revivendo e analisando emoções ou experiências

---

43   FRANKL, Viktor. *A psicoterapia na prática*, p. 61.
44   *Ibid.*, p. 67.
45   DORIN, E. *Dicionário de psicologia*, p. 22.

desagradáveis. Posteriormente, trabalhando sozinho, Freud desenvolveu um novo método, o psicanalítico, fundamentado em suas teorias sobre o desenvolvimento psicossexual e o inconsciente. Esse método visava investigar o inconsciente dinâmico e analisar seus elementos (ideias, desejos, lembranças). A Psicanálise, assim, consiste tanto em um método terapêutico, como de investigação, além de uma teoria da personalidade e da conduta. Para Freud, a psique humana é composta de três partes: *id*, ego e superego. O *id* é constituído pelos processos primitivos do pensamento, é o reservatório das pulsões, da energia empregada em toda atividade humana; representa a paixão em oposição ao ego, que é reflexão. O ego é o mediador entre as necessidades primitivas do *id* e as crenças éticas e morais do superego. Como a parte consciente da personalidade, o ego tem como tarefas a autopercepção, a autoconsciência, a ação (controle motor), o ajustamento à realidade (e, para isso, se utiliza de mecanismos de defesa), a memória, o afeto, o pensamento. O superego, última parte diferenciada no processo evolutivo individual, representa os pensamentos morais e éticos internalizados; em grande parte inconsciente, agindo contra o *id*, suas funções incluem: aprovação ou reprovação dos atos do ego (conscientes), auto-observação crítica, autopunição. A grande inovação de Freud foi ter dado ao inconsciente um *status* científico e ter introduzido a noção de uma camada psíquica pré-consciente ou subconsciente, que se acha entre a consciência e o inconsciente. Por consciente entende aquilo que um indivíduo reconhece de sua própria condição e atos, enquanto o pré-consciente se refere ao que é debilmente consciente, isto é, está abaixo do limiar da consciência. O inconsciente é o conjunto de processos dinâmicos que não chegam à consciência da forma que se desenvolvem; são os desejos recalcados e os impulsos sexuais. Assim, Freud considera que o ser humano nasce com um conjunto de pulsões que reprimidas ou sublimadas geram uma tensão em seu organismo. O comportamento humano, então, é orientado no sentido de diminuir essa tensão.[46]

Alfred Adler (1870 – 1937), também um médico austríaco, foi o criador da Psicologia (ou Análise) Individual, que enfatiza a singularidade da personalidade. Para ele, o *self* (eu) é o intérprete das experiências e criador, em determinados momentos, das próprias motivações. Discordou do conceito de *ego* de Freud, pois considerava que o comportamento humano não era regido por impulsos inconscientes, mas decorrentes de projeções, de realizações do *self*. Influenciado pela leitura da obra *A psicologia do 'Como se'*, de Hans Vaihinger, publicada em 1911, Adler aceitou a tese de que vivemos com muitas ideias que não passam de ficções: somos todos iguais, faça o bem sem olhar a quem, o fim justifica os meios, o homem vale pelo que é como pessoa etc. Vivemos em função de um futuro e são as ficções as causas subjetivas dos fatos psicológicos.

Outra teoria adleriana é a da vontade de poder, da luta pela superioridade, do *ideal de superioridade*, que faz parte da própria vida. Os obstáculos a essa realização geram o *complexo de inferioridade*, que emerge do conflito entre o desejo de realização e reconhecimento e o medo de ser frustrado. Isso leva o indivíduo a conquistas, à obtenção de segurança e ao autoengrandecimento para superar o estado

---

46 DORIN, E. *Dicionário de psicologia*, pp. 62, 89, 137, 143, 179, 180, 223, 268, 270.

de inferioridade. Todo ser humano se sente inferior não só no início da existência, mas também ao longo da vida é acometido várias vezes por tal sentimento, o que engendra a busca de perfeição e o alcance de objetivos sociais. O ideal de superioridade consiste em um mecanismo compensatório presente durante toda a existência. Assim, para Adler, o comportamento humano é determinado basicamente pelo meio social e pela preocupação contínua do indivíduo em alcançar os objetivos preestabelecidos, incluindo a sede de poder e a notoriedade.[47]

Frankl foi, como dissemos, um grande admirador de Freud e discípulo de Adler. No entanto, ele faz ressalvas às teorias desses dois cientistas:

> *A logoterapia diverge da psicanálise na medida em que considera o ser humano um ente cuja preocupação principal consiste em realizar um sentido, e não na mera gratificação e satisfação de impulsos e instintos, ou na mera reconciliação das exigências conflitantes de id, ego e superego, ou na mera adaptação e no ajustamento à sociedade e ao meio ambiente.*[48]

Para ele, tanto a psicanálise quanto a análise individual revelam algo sobre o ser humano, mas revelam parcialmente, como se fossem projeções bidimensionais de um objeto de três dimensões. Dependendo do ângulo de projeção e do plano onde esse objeto é projetado, avistamo-lo de uma forma diferente. Apesar de todas as projeções fornecerem, de certo modo, uma descrição do objeto, nenhuma delas o descreve em sua totalidade, pois o fazem

---

47 DORIN, E. *Dicionário de psicologia*, pp. 56 e 230.
48 FRANKL, Viktor. *Em busca de sentido*, p. 95.

desconsiderando uma de suas dimensões. Para ele, as contradições que ocorrem entre os conceitos de homem se dão por um processo semelhante:

> *Basta transcendê-las para a dimensão imediatamente superior para perceber que as contradições não contestam de modo algum a homogeneidade do homem, tão logo as consideramos como simples projeções, o que, nesse mesmo instante, significa que essa mesma homogeneidade do homem – e juntamente com ela também toda a sua humanidade! – só pode surgir exatamente na dimensão imediatamente superior, e essa dimensão é tão só a dimensão especificamente humana, a dimensão dos fenômenos especificamente humanos.*[49]

Por fenômenos especificamente humanos, Frankl entende os fenômenos espirituais, responsáveis pela nossa consciência moral, pelo amor e pela arte. Para ele, a existência humana não se limita ao corpo, nem à alma, de modo que não podemos, portanto, falar do ser humano apenas no sentido somático ou psíquico, temos que enxergá-lo também como ser espiritual. "Para que a psicoterapia permaneça como uma terapia e não se torne um sistema dentro da patologia da época, ela necessita de uma imagem correta do homem, pelo menos tanto quanto necessita de uma metodologia e de uma técnica precisas".[50]

De acordo com Frankl, as teorias e terapias psicológicas se complementam. O método de tratamento terapêutico a ser escolhido é tal como o resultado de uma equação que é a soma de duas variáveis: paciente e terapeuta, personalidades únicas e singulares. O decisivo na psicoterapia não é

---

49 FRANKL, Viktor. *Logoterapia e análise existencial*, pp. 246-247.
50 FRANKL, Viktor. *A psicoterapia na prática*, p. 73.

a metodologia ou a técnica, mas o encontro entre o médico e o doente.

A logoterapia está indicada em cada um dos cinco casos enumerados abaixo que, a seguir, detalharemos para uma melhor compreensão dos termos menos comuns ou mais específicos da linguagem logoterapêutica (em itálico):

1 – *neuroses noogênicas*, ou seja, neuroses[51] resultantes da falta de sentido. Nesses casos, a logoterapia tem indicação específica;

2 – alguns casos de neuroses psicogênicas que não têm relação com a problemática de sentido – nesses casos, a logoterapia, apesar de não ser uma terapia específica, pode, utilizando os recursos da *intenção paradoxal* e da *derreflexão*, atacar as neuroses em suas raízes, ou seja, os mecanismos circulares destrutivos;

3 – em casos de doenças somatogênicas incuráveis, como o câncer, por exemplo, nas quais a logoterapia possibilita ao

---

51 Entende-se por neurose uma desordem de personalidade resultante da incapacidade de o indivíduo lidar com seus conflitos e traumas, o que dificulta seu ajustamento social. É um transtorno psicogênico, ou seja, de origem psíquica, funcional e não orgânico, que tem por sintomas: medos (fobias), sentimentos de culpa, reações compulsivas (manias), fadiga extrema, sintomas psicossomáticos, estresse, que variam de indivíduo para indivíduo. Conceito ligado à teoria nosológica psicanalítica, a neurose decorre de conflitos entre o ego e superego. Diferente da psicose que embora seja, também, uma desordem da personalidade, a desorganização psíquica nela operada é profunda, resultando em uma "perda de contato com a realidade", uma falta de crítica, uma incapacidade de reconhecer o caráter estranho e bizarro do comportamento. Mesmo sendo variáveis, dependendo do tipo, estão presentes nas psicoses diferentes transtornos: ilusões, alucinações, depressões, confabulações, delírios, deterioração mental, transtornos comportamentais, que levam à dificuldades na comunicação não só com os outros, mas consigo mesmo. DORIN, E. *Dicionário de psicologia*, pp. 194 e 232.

doente uma descoberta de sentido, na forma de realização de valores. Nesses casos, não se trata de uma terapia, mas sim um tipo de salvação médica das almas.

Se a vida nos apresenta pura e simplesmente plena de sentido, então resultará mais tarde que também o sofrimento será integrado no sentido, fará parte do sentido da vida. E finalmente resultará que o morrer pode ter um sentido – que pode ser o pleno sentido de morrer "sua morte".[52]

4 – em casos de sentimento de falta de sentido e de vácuo existencial. Aqui a logoterapia não funciona propriamente como uma terapia, por não serem esses sentimentos patológicos, embora possam levar a uma neurose noogênica. A busca de sentido não é uma doença, pelo contrário, é uma autêntica e necessária manifestação humana, mas somente busca um sentido quem se dá conta da falta dele. O vazio existencial pode se manifestar ou permanecer latente e ocorre quando o encontro de sentido é frustrado. Ele se apresenta especialmente em pessoas que dispõem de tempo livre, mas não conseguem descobrir nada com o que preenchê-lo. Esse tédio refuta a afirmação de que a perfeita satisfação de necessidades significa realização. O que ocorre é o contrário da realização: carência e vazio.[53]

5 – na prevenção de neuroses iatrogênicas, ou seja, aquelas provocadas pelo ato médico. Frankl cita, como exemplo, o caso de um diplomata americano que estava descontente com sua carreira:

---

52 FRANKL, Viktor. *A questão do sentido em psicoterapia*, p. 95.
53 FRANKL, Viktor. *Logoterapia e análise existencial*, p. 119.

Seu analista, no entanto, lhe havia dito repetidamente que ele devia tentar reconciliar-se com seu pai, porque o governo dos Estados Unidos bem como seus superiores eram "nada mais" que imagens paternas, e, consequentemente, a insatisfação com o seu emprego se devia ao ódio inconsciente contra o pai. Uma análise que já vinha durando cinco anos induzira o paciente a aceitar cada vez mais as interpretações de seu analista, até que, de tantas árvores de símbolos e imagens, ele não mais conseguiu ver a floresta da realidade. Após algumas poucas entrevistas, ficou claro que a sua vontade de sentido estava sendo frustrada por sua profissão e que ele na realidade ansiava engajar-se em outra espécie de trabalho. Como não tinha motivo para ele não largar sua profissão e abraçar outra, assim o fez, com os mais gratificantes resultados.[54]

Neuroses noogênicas

A expressão designa as neuroses que têm sua origem não na dimensão psicológica, mas na dimensão da existência humana, "noológica"[55] (do grego *noos*, que significa "espírito"). Tais neuroses têm origem na frustração existencial. O termo "existencial" pode ser usado de três maneiras distintas: ao modo especificamente humano de ser,

54   FRANKL, Viktor. *Em busca de sentido*, p. 94.
55   Noológicas são as ciências que se referem ao espírito – filosóficas, dialegmáticas (glossologia, literatura, tecnestética e pedagogia), etnológicas e políticas – em oposição às ciências cosmológicas, de acordo com o criador do termo, Ampère, que o emprega em sua obra *Filosofia das ciências* (1834). LALANDE, André. *Vocabulário Técnico e Crítico da Filosofia*, p. 736. Para Kant, noologista é aquele que, como Platão, considera que o conhecimento puro deriva da razão, em oposição ao empirista que pressupõe derivado da experiência. Entretanto, o termo Noologia é mais antigo e designava, segundo seu inventor, Calov, em *Scripta philosophica* (1650), uma ciência auxiliar da metafísica, junto com a gnosiologia. ABBAGNANO, Nicola. *Dicionário de Filosofia*, p. 716.

ao sentido da existência e à busca por um sentido concreto na existência pessoal.[56]

Para Viktor Frankl, a busca por sentido – principal força motivadora humana – causa uma tensão no equilíbrio interior. Essa tensão, porém, é necessária e é fruto da diferença entre o que somos e o que deveríamos ser. A doença ocorre quando essa diferença é grande demais, ocasionando desespero, ou muito pequena, gerando tédio ou indiferença. Pelo fato de o sentido buscado ser pessoal, não cabe ao terapeuta responder ao paciente qual é o sentido do que ele vive; antes cabe ajudá-lo a encontrar por si mesmo esse sentido. O papel do logoterapeuta é comparável ao de um oculista, não ao de um pintor, uma vez que sua função é de fazer o paciente enxergar o sentido de sua vida e não o de impor ou mesmo demonstrar em relação a que a vida lhe exige uma responsabilidade.

> *A logoterapia procura criar no paciente uma consciência plena de sua própria responsabilidade; por isso precisa deixar que ele opte pelo que, perante que ou perante quem ele se julga responsável. Eis por que um logoterapeuta é, dentre todos os psicoterapeutas, o que menos se vê tentado a impor julgamentos de valor a seus pacientes, porque jamais lhes permitirá transferir ao médico a responsabilidade de julgar.*[57]

Alguns, entretanto, se perguntam também pela existência de um sentido último, porém esse suprassentido não pode ser compreendido totalmente: o que a logoterapia propõe é suportar a incapacidade de compreendê-lo. O incompreensível, todavia, não precisa ser inacreditável. Viktor Frankl afirma

---

56 Cf. FRANKL, Viktor. *Em busca de sentido*, p. 93.
57 *Ibid.*, p. 99.

que o ser humano, assim como é dotado de um inconsciente físico e psicológico, também possui um inconsciente espiritual. A logoterapia tem como finalidade trazer à consciência a existência espiritual do homem. Sobre esse assunto falaremos mais no terceiro capítulo.

Intenção paradoxal

Frankl distingue dois padrões de reação patogênicos: um da pessoa que tem medo do que lhe pode acontecer e outro daquela que teme o que pode fazer. O primeiro costuma se manifestar em neuroses de angústia e consiste num ciclo onde o paciente reage a um determinado sintoma e, tendo ansiedade antecipatória, com receio de que o sintoma se manifeste novamente, faz com que ele justamente volte a se manifestar. É propriamente o "medo do medo". O segundo padrão também é um círculo vicioso e costuma se manifestar em neuroses obsessivas. O paciente se sente invadido por ideias obsessivas e reage a elas tentando reprimi-las. Ao fazer isso, porém, apenas aumenta a pressão original das ideias que o atormentam.[58]

Para os dois casos acima descritos, a logoterapia recomenda a chamada intenção paradoxal, cujo papel é romper os dois mecanismos circulares, utilizando a capacidade de autodistanciamento do paciente. Ela consiste em inverter a intenção que caracteriza os dois padrões patogênicos. No primeiro caso, o da tentativa de evitar o medo através da fuga e, no segundo, o de evitar a compulsão através da luta. Frankl afirma que a técnica da intenção paradoxal não é invenção sua, pois já era usada por terapeutas comportamentais,

---

58   FRANKL, Viktor. *A psicoterapia na prática*, pp. 32-36.

e que sua contribuição foi a de desenvolver um método para essa técnica e integrá-la a um sistema. Em *A psicoterapia na prática*, o autor relata casos em que a intenção paradoxal foi usada com sucesso.[59] Em cada um deles, o paciente deveria ter a intenção de que acontecesse exatamente o que ele temia, colocando-se na posição de espectador de si mesmo. Nos relatos de Frankl e nas citações de relatos de outros terapeutas, o resultado era que, quando o paciente invertia sua intenção, aquilo que ele temia acabava por desaparecer. O que aconteceu nessas ocasiões é bem ilustrado pela anedota de um homem que afirma a um hipnotizador ser impossível que este consiga deixá-lo em transe. Diante de tal desafio, o hipnotizador o convida a sentar-se e lhe diz: "você está bem acordado. Fique acordado, cada vez mais acordado", e em pouquíssimo tempo hipnotizou o homem que o desafiava.

Derreflexão

Há ainda um terceiro padrão patogênico de reação, encontrado nos casos de neuroses sexuais. O paciente, nesse caso, não foge de algo, como nas neuroses de angústia, nem luta contra algo, como nos casos de neuroses obsessivas; ele luta por algo, no caso, o orgasmo ou a potência sexual. De acordo com Frankl:

> *Infelizmente, quanto mais alguém busca o prazer, mais o prazer lhe escapa. O prazer nega-se a ser procurado diretamente. Porque ele não é nem o objetivo real do nosso comportamento e das nossas ações, nem uma meta possível; ele é na verdade um efeito, um efeito colateral, que surge por si mesmo sempre que nós vivenciamos a*

---

59 FRANKL, Viktor. *A psicoterapia na prática*, pp. 40-50.

nossa autotranscendência, portanto, sempre que nós nos entregamos amando uma outra pessoa ou servindo a uma causa.⁶⁰

O círculo vicioso, nesse caso, é gerado por uma hiperintenção, a luta pela potência ou pelo orgasmo. Essa hiperintenção traz consigo uma hiper-reflexão e a pessoa, no ato de observar a si mesma, perde a espontaneidade. O paciente vê no ato sexual uma realização que lhe é exigida, como se fosse obrigado a consumar o ato sexual. Essa exigência pode vir do próprio paciente, de seu parceiro ou da situação em que ele se encontra.

Para combater essa hiper-reflexão, a logoterapia utiliza a técnica da derreflexão, que consiste na intenção do paciente de não chegar ao orgasmo e se satisfazer com carícias fragmentárias. Sua intenção deve ser a de prestar atenção no parceiro e tentar satisfazê-lo, não observando demais a si mesmo e às reações de seu próprio corpo. Em *A psicoterapia na prática* há também relatos de casos em que esta técnica foi bem-sucedida.⁶¹

A respeito do que foi dito acima, sobre o prazer ser uma consequência e não uma finalidade, Frankl vai mais longe e afirma que "a autorrealização não pode ser o objetivo final da vida ou a meta final do homem – pelo contrário, quanto mais o homem a persegue, menos ele a encontra... A caça à felicidade a afugenta",⁶² pois o objetivo do homem não é realizar a si mesmo. Quando realiza o sentido concreto e pessoal de sua existência, encontra a realização de si próprio. Aos seus alunos dizia que eles nunca deveriam buscar o sucesso,

---

60 FRANKL, Viktor. *A psicoterapia na prática*, p. 52.
61 *Ibid.*, pp. 55-57.
62 FRANKL, Viktor. *A psicoterapia na prática*, pp. 65-66.

pois assim como a felicidade, ele jamais deve ser nosso alvo, mas sim consequência de nossos atos realizados. O homem que está voltado para si mesmo é como um bumerangue lançado que só volta para o caçador porque não atingiu a presa. Se estivermos preocupados com nossos próprios estados, seja porque queremos prazer, sossego, sucesso ou consciência tranquila, é por que esquecemos que o mundo espera por uma tarefa que somente nós podemos realizar. O que o homem deseja, de fato, não é a felicidade, mas sim um motivo para ser feliz. Citando Kierkegaard, Frankl afirma que a porta da felicidade se abre para fora e se fecha para quem intenta "arrombá-la".

Um tipo específico de neurose noogênica causada pelo vazio existencial: a neurose de massa

Gustave Le Bon afirma que as aglomerações humanas, em circunstâncias específicas e através de certos estímulos, possuem, do ponto de vista psicológico, características muito diversas daquelas de cada indivíduo que as compõem. Em *Psicologia das multidões*, ele diz:

> *O fato mais surpreendente apresentado por uma multidão psicológica é o seguinte: quaisquer que sejam os indivíduos que a compõem, por mais semelhantes ou dessemelhantes que possam ser seus tipos de vida, suas ocupações, seu caráter ou sua inteligência, o mero fato de se haverem transformado em multidão dota-os de uma espécie de alma coletiva. Essa alma os faz sentir, pensar e agir de um modo completamente diferente daquele como sentiria, pensaria e agiria cada um deles isoladamente. Algumas ideias, alguns sentimentos só surgem ou se transformam em atos nos indivíduos em multidão. A multidão psicológica é um ser provisório, composto de elementos heterogêneos por um*

instante amalgamados, exatamente como as células de um corpo vivo formam por meio de sua reunião um novo ser que apresenta características muito diferentes daquelas que cada uma das células possui.[63]

Viktor Frankl, ao falar do vazio existencial, diz-nos que ele se deve principalmente a duas causas: a perda da capacidade instintiva e a perda das tradições. Não há, no homem atual, nenhum instinto que lhe revele o que precisa fazer e atualmente também não há nenhuma tradição que lhe diga o que deve fazer. Além disso, muitas vezes o homem também não sabe o que quer fazer. Assim, a tendência para que se queira apenas aquilo que os outros fazem ou se faça apenas aquilo que os outros querem torna-se cada vez mais predominante. Manifestam-se assim, respectivamente, o conformismo e o totalitarismo,[64] faces distintas de uma mesma situação: a neurose coletiva.

As características dessa neurose, descritas na obra *Psicoterapia para todos*, são as seguintes: atitude existencial provisória, atitude fatalista, pensamento coletivo e fanatismo. Vejamos, em detalhe, cada uma dessas características.

Atitude existencial provisória

Em tempos de guerra ou em algumas situações limítrofes, o homem encontra-se sem poder saber se estará vivo no dia, ou mesmo no momento seguinte. Nesses casos, interessa saber apenas o momento presente, salvar-se no agora. O problema, porém, de se viver em função de um único dia, é que se vive sujeito à dominação dos impulsos. Compreende-se, nesses

---

63 LE BON, Gustav. *Psicologia das multidões*, p. 32.
64 FRANKL, Viktor. *Psicoterapia para todos*, p. 15.

casos, a desistência de construir uma vida amorosa humanamente sadia, limitando-se a usufruir o momento presente, de modo a que nenhuma satisfação sensível escape. Os casamentos tipificados como uniões de guerra, que cedo se desmantelavam, são exemplos disso. A vida sexual, para os respectivos parceiros, configurava-se não como sendo o que deveria ser – realização e encontro, motivo para a felicidade e o prazer –, tornando-se apenas a busca da fruição do prazer, o qual, por sua vez, torna-se um fim em si mesmo. Frankl relata um caso interessante a esse respeito. Nos campos de concentração era possível saber quando um prisioneiro iria desistir de continuar a lutar pela vida e se entregar ao desânimo e à morte: bastava vê-lo fumando seus últimos cigarros – que eram uma importante moeda de troca por comida, o que poderia significar, talvez, mais um dia de sobrevivência. Após isso, ele não se levantava mais da cama e morria em pouco tempo. Uma vez que a morte está próxima, é necessário ter os últimos prazeres, ainda que ínfimos. A propósito, nos campos de concentração a atitude existencial provisória possuía um fator agravante: além de ficar muito clara para cada prisioneiro a provisoriedade de sua existência, também ficava claro o quanto essa provisoriedade era indefinida, uma vez que não se podia ter a menor noção de quanto tempo a guerra iria durar ou por quantos dias se escaparia da arbitrariedade da morte.

Mesmo com o fim da guerra, não nos libertamos da concepção existencial provisória. Há alguns anos tínhamos fobia da bomba atômica. Atualmente, temos ansiedade antecipatória da ameaça de extinção do planeta por esgotamento de recursos, ou de simplesmente morrer tolamente em algum episódio de violência urbana. A atitude provisória se manifesta quando se para de conceber planos com perspectivas amplas e de construir e organizar a vida com objetivos conscientemente assumidos. Essa atitude leva a não buscar um fim ou um sentido para os próprios atos, vivendo provisoriamente e considerando tolice planejar, agir para um determinado fim etc. Só uma coisa é importante: o dia a dia. O prazer que deveríamos obter como consequência natural de nossas realizações passa a ser o objetivo principal dessas e, com isso, adquire-se uma tendência ao descontentamento, à falta de objetivos e à ausência de autodisciplina.

O curioso é que, ao buscar apenas o que é efêmero, o indivíduo age como se o seu futuro fosse algo garantido, não sendo necessário construí-lo. Esquece-se que há tarefas a cumprir. Também menospreza o passado e suas realizações que, segundo Frankl, são o maior tesouro de um homem, uma vez que o que aconteceu e ficou no passado está salvo, nada pode ser dele subtraído. Não há possibilidade de perda daquilo que já realizamos.

Apesar de não se ocupar do futuro, o homem com a concepção existencial provisória se desespera com ele. O desespero, para Frankl, é uma forma de idolatria, pois o desesperado absolutiza um único valor, aceita e valoriza uma única percepção de sentido, fechando os olhos para inúmeras opções ao seu redor, o que caracteriza uma perda de liberdade.

A atitude fatalista

Aquele que tem uma atitude provisória se convence de que não é necessário agir para tomar o destino em suas próprias mãos, pois diante do desconhecimento do que ocorrerá no dia de amanhã, o fatalista diz a si mesmo que não é possível assumir responsabilidade frente a seu destino. Ele crê no poder do destino ou de forças semelhantes, tanto no âmbito externo como no interno, ou seja, na força das circunstâncias exteriores e das situações interiores. Ao agir dessa forma, teme a responsabilidade, repelindo-a. Aquele que tem uma concepção fatalista do mundo considera impraticável agir contra forças tão poderosas.

O pensamento coletivo

Aqueles com a característica de pensamento coletivo dificilmente são capazes de entender a si mesmos e aos outros como pessoas. O homem, nesse caso, é levado a agir não como parte de uma sociedade, mas como componente substituível de uma engrenagem. O indivíduo com essa característica deseja a unidade da fusão e se diferencia de si mesmo para obter tal unidade. A diversidade da estrutura psíquica dá lugar a uma base uniforme e inconsciente comum a todos.

Viktor Frankl diferencia sociedade e comunidade, de um lado, e massa, do outro. Enquanto a comunidade necessita de personalidades que se destaquem e, por sua vez, cada personalidade precisa da comunidade para se desenvolver plenamente e se realizar, a massa não tolera nenhuma personalidade humana, nem mesmo a individualidade. Considera um embaraço as personalidades individuais e, se possível, as elimina. "Por essa razão, combate ela as personalidades, reprime-as, priva-as da liberdade, castrando essa liberdade em nome da igualdade. As individualidades são aplanadas e as personalidades sacrificadas pela tendência ao nivelamento".[65]

---

65 FRANKL, Viktor. *Psicoterapia para todos*, p. 45.

Como parte da massa, o indivíduo abre mão de sua liberdade pessoal, tem como ideal uma igualdade despersonalizada e busca, para o futuro, a sociedade supostamente perfeita, que resolveria todos os problemas. Deixa de lado sua própria vida, renunciando a tudo o que lhe é particular, tendo em vista um futuro ilusório. "Mas o que seria do terceiro elemento que somos levados a considerar a essa altura da exposição – o que será do ideal da fraternidade? Ele degenera, degradando-se a mero instinto de rebanho".[66]

O homem se rende ao pensamento coletivista à medida que abomina a responsabilidade. Ele aprende a se deixar conduzir e levar. Na massa é importante não se salientar de jeito nenhum, mas antes, apagar-se a qualquer preço, diluir-se nela. O homem, ao se afundar na massa, dissolve-se como ser personalizado.

A massa, assim como a comunidade, não é um ser personalizado, pois somente pessoas possuem liberdade e responsabilidade. Por esse motivo, somente estas têm culpas e méritos, pois agem baseadas em decisões livres e ações responsáveis. "Jamais, porém, uma coletividade, essencialmente impessoal, poderia considerar-se culpada."[67] Quem atribui a culpa ao coletivo busca eximir-se da responsabilidade individual. Na massa todos agem, mas ninguém é particularmente criminoso ou santo. À massa tudo é permitido. Ela tem a força que cada indivíduo, por si só, não possui. Os instintos individuais, antes refreados pelo senso de responsabilidade, podem emergir e se manifestar livremente na multidão anônima e irresponsável.

---

66 *Ibid.*, p. 45.
67 FRANKL, Viktor. *Psicoterapia para todos*, p. 45.

O fanatismo

"Assim como o homem que pensa em moldes coletivistas olvida a sua própria personalidade, o homem induzido pelo fanatismo não enxerga o ser pessoal do outro, daquele que não sintoniza com o seu pensamento."[68] Não admite ser possível que alguém, de boa fé e com uso da razão, não pense como ele. Somente sua própria opinião é válida, não o entendimento de outrem.

No entanto, o fanático nem sequer opinião própria possui. Ele é possuído pela opinião pública. E é precisamente isso que torna o fanatismo tão perigoso. A opinião pública se apodera tão facilmente do fanático que, ao mesmo tempo, homens isolados, com não menor facilidade, se apoderam da opinião pública![69]

Não nos faltam exemplos de tais homens isolados que governam a massa. Frankl conta que Hitler, certa vez, em uma conversa à mesa, teria declarado: "É uma sorte para os governantes que os homens não pensem, mas permitam que por eles se pense".[70] O fanático ignora a liberdade de decisão e a dignidade humana. Ele julga que o fim santifica os meios e não vê que, na verdade, certos meios profanam os fins. A política fanática desconsidera a dignidade humana para atrelar os indivíduos às suas metas.

Na massa verifica-se o fenômeno do contágio mental. Atos e sentimentos são contagiosos e facilmente se sacrifica o interesse pessoal pelo interesse coletivo. Pela massa dá-se

---

68   *Ibid.*, p. 46.
69   *Ibid.*, p. 46.
70   FRANKL, Viktor. *Psicoterapia para todos*, p. 46.

a vida. O indivíduo então deixa desaparecer a sua personalidade consciente e o que passa a predominar é a personalidade inconsciente, com suas ideias e sentimentos modificados por sugestão ou contágio. Ele é imediatamente tomado pela necessidade de transformar essas ideias e esses sentimentos em atos, e sua atividade intelectual diminui.

A massa chega ao extremo facilmente. Uma simples suspeita transforma-se em fato concluído e de indiscutível evidência. Um princípio de antipatia pode transformar-se, em segundos, em ódio feroz.

Uma vez que a massa é naturalmente inclinada a excessos, a massa só reage seguindo estímulos intensos. Não se argumenta logicamente com a massa, ao contrário, apresentam-se imagens coloridas e *slogans* repetidos insistentemente. Segundo Frankl, o *slogan* tem o poder de uma bomba atômica detonada, pois gera uma reação em cadeia tão grande quanto essa, só que de ordem psicológica.[71]

Frankl afirma que o fanatismo é uma epidemia psíquica, sendo que sua principal ameaça não é, como no caso de algumas epidemias somáticas, uma consequência de guerra, pelo contrário, é uma possível causa da guerra. Ele afirma:

> *Por outro lado sabemos que não somente um fator psicológico, mas também uma causa espiritual, por exemplo, um conflito de consciência, pode levar a uma neurose. É compreensível, por isso, que um homem, na medida em que for capaz de ter um conflito de consciência, estará imune ao fanatismo e também à neurose coletiva, como por exemplo, um político fanático torna-se capaz de superar sua neurose coletiva na medida em que novamente puder ouvir a voz de sua consciência, e até sofrer com ela.*[72]

71 *Ibid.*, p. 47.
72 FRANKL, Viktor. *Psicoterapia para todos*, p. 48.

O tratamento logoterapêutico

Apesar de a logoterapia ser indicada especificamente para as neuroses noogênicas, Frankl afirma que não raramente se verifica que uma neurose psicogênica atesta a elevação do psíquico para um vácuo existencial e, sendo assim, a psicoterapia só será completa quando for eliminado esse vazio. A busca de sentido é subjetiva, mas o sentido é, em si, objetivo, pois se trata de descobri-lo, não de entregá-lo. O logoterapeuta exerce a função de tornar o paciente capaz de descobrir o sentido de sua existência, ampliar seu aspecto de visão para que ele perceba seu espectro de possibilidades de sentido e valores pessoais e concretos.

Na obra *Em busca de sentido*, Frankl apresenta sua tese do "otimismo trágico". Segundo ele, o ser humano pode dizer sim à vida apesar da "tríade trágica": dor, culpa e morte. Ele afirma que não se deve, contra todas as esperanças, ser otimista indiscriminadamente, mas que é possível tirar o "melhor" (*optimum*) de cada situação e extrair da tragédia o sentido incondicional da vida.

No caso da dor, retirar o melhor da situação consiste em fazer do sofrimento uma realização humana. O sofrimento não é indispensável para a descoberta de sentido, mas, se for inevitável, a pessoa que sofre pode escolher sua atitude. "Como vemos, a prioridade permanece com a mudança criativa da situação que nos faz sofrer. Mas realmente superior é saber sofrer, quando se faz necessário."[73]

Diante da culpa, deve-se extrair a oportunidade de mudar a si mesmo para melhor, erguer-se acima da culpa.

---

73 FRANKL, Viktor. *Em busca de sentido*, p. 125.

Frankl recebeu, certa vez, uma carta de um prisioneiro que cumpria sua pena na qual este lamentava o fato de nunca poder se explicar, pois a ele eram oferecidas várias opções de desculpas pelo crime que havia cometido. Em outra ocasião, um grupo de prisioneiros, para os quais Viktor Frankl deu uma palestra, manifestou sua gratidão por não lhes serem oferecidas explicações e desculpas aos atos pelos quais eles se sentiam responsáveis. As palavras que os incentivaram a superar a culpa através da mudança de atitude surtiram um excelente efeito e a maioria acabou se libertando mais tarde, sem incorrer novamente em crimes.

Em relação à morte, a atitude ótima é fazer da transitoriedade da vida um incentivo para realizar ações responsáveis:

> Sem dúvida, as pessoas tendem a ver somente os campos desnudos da transitoriedade, mas ignoram e esquecem os celeiros repletos do passado, em que mantém guardada a colheita das suas vidas: as ações feitas, os amores amados e, não menos importantes, os sofrimentos enfrentados com coragem e dignidade.[74]

Não se pode obrigar alguém a ser feliz ou otimista, mas se a busca de sentido de um indivíduo for bem-sucedida, ele terá a capacidade de enfrentar o sofrimento.

Para Frankl, o sentimento da falta de sentido não é, em si, uma neurose. É uma prova da humanidade de uma pessoa. Porém, esse sentimento, devido a uma deficiência na visão dos obstáculos que uma pessoa tem a superar, pode levar à neurose noogênica. Segundo ele, há três modos de se obter sentido.

---

74 FRANKL, Viktor. *Em busca de sentido*, p. 127.

O primeiro modo de obtê-lo é através de uma realização. Para exemplificar, vamos relatar um fato ocorrido com Frankl quando ainda era prisioneiro. No fim de um dia de trabalho, cansado e sofrendo ainda mais pelo fato de seus pensamentos ocuparem-se apenas de detalhes para a sobrevivência, tais como a dúvida se haveria ou não um pedaço de linguiça na refeição noturna, ou de como conseguir um arame para servir de cadarço para os seus sapatos, Frankl se imaginou diante de um auditório, dando uma palestra sobre a psicologia do campo de concentração. Ele sabia ser possuidor de um conhecimento que era de amplo interesse. Sabia também que deveria sobreviver para reescrever e divulgar seu trabalho perdido. Naquele momento conseguiu alçar-se acima do tempo presente, contemplando-o como se fosse passado e tendo ideia clara de como aproveitá-lo.

O segundo modo de encontrar sentido é através da vivência. Apreciar uma música, desfrutar de um bom vinho ou de uma bela paisagem e, principalmente, encontrar o amor, tudo isso confere sentido à vida. O que já vivemos, e também o que já pensamos, não nos poderá mais ser retirado – está salvo de uma vez para sempre. Olhando sob esse prisma, é vantagem envelhecer. Somente os que já estão no mundo há mais tempo têm mais experiências que nunca lhes serão subtraídas.

Frankl afirma que amar é poder chamar alguém de "tu" e, além disso, ser capaz de aceitá-lo positivamente, com todas suas singularidades e particularidades; é compreender a essência de uma pessoa, tal qual ela é e enxergar suas possibilidades, seu "dever-ser". Quem ama deve desejar que a distância entre o ser e o "dever-ser" do objeto de seu amor fique cada vez menor. O amor enxerga no outro suas possibilidades e deseja que ele as realize plenamente. "O amor é, afinal, a vivência em que, pouco a pouco, se vive a vida de outro ser humano, em todo o seu 'caráter de algo único' e irrepetível!".[75]

> *Amor (no sentido mais estrito da palavra) é a forma mais elevada possível do erótico (no sentido mais amplo do termo), porquanto representa a mais profunda penetração possível na estrutura pessoal da outra parte: o entrar em relações com ela, como algo de espiritual. Nestes termos, a relação direta com o que há de espiritual na outra parte significa a mais alta forma possível de companheirismo.*[76]

O terceiro modo é encontrar sentido no sofrimento. Viktor Frankl ressalta que o sofrimento não deve ser buscado, mas uma vez que ocorre, deve ser aproveitado. O autor lembra, a esse respeito, do fim de um dia terrível no campo de concentração, no qual os prisioneiros foram punidos com o jejum, por se recusarem a entregar um colega que furtou alguns quilos de batatas. Todos estavam tomados de depressão e o chefe do grupo começou a discorrer sobre o perigo de entregar os pontos e se autoabandonar. Dirigindo-se então a Frankl, pediu-lhe que explicasse um pouco mais. O psicólogo, sentindo-se tão mal quanto seus colegas, reuniu suas forças e disse que a vida humana tem sentido em todas as condições. Era sabido que muitos dos que lá estavam não sobreviveriam. Se há sentido na vida, não poderia depender de alguém escapar ou não daquela situação. Disse que cada um deles estava sob o olhar de um amigo ou de uma mulher, vivente ou

---

75 FRANKL, Viktor. *Psicoterapia e sentido da vida*, p. 172.
76 Ibid., p. 175.

não, ou sob o olhar de Deus. Cada um tinha alguém que esperava não decepcionar, esperava que o prisioneiro soubesse sofrer, mantendo-se humano. Também falou do sentido do sacrifício, contou do companheiro que, ao entrar no campo de concentração, propôs um pacto aos céus: o de que seu sofrimento poupasse alguém por ele amado. Seus colegas, em lágrimas, vieram lhe agradecer por suas palavras.[77]

De acordo com Primo Levi, os prisioneiros dos campos de concentração estavam aquém do bem e do mal, e nos convida, através de seus relatos, a refletirmos o quanto de nosso mundo moral comum poderia subsistir aquém dos arames farpados.[78] De fato, Frankl também afirma que o cotidiano de um prisioneiro em tais condições acaba reduzido à mera luta pela sobrevivência. No entanto, até mesmo diante de tal situação limite, na qual a doença, a miséria corporal e psicológica e a inevitável contemplação da morte estão presentes a cada instante, há uma possibilidade para o encontro de sentido. Para a logoterapia sempre é possível transformar os sofrimentos em vitórias humanas e ao homem sempre estará reservado um último grau de liberdade em seu interior; sempre haverá em cada ser humano uma responsabilidade a assumir. Como, por exemplo, no caso de Herry Long que, após um acidente aos dezessete anos, ficou tetraplégico. Esse homem matriculou-se em cursos do *Community College* e para escrever utilizava uma máquina datilografando com um pauzinho que manejava com a boca. Em uma carta escrita para Viktor Frankl ele diz: "vejo minha vida cheia de sentido

---

77 FRANKL, Viktor. *Em busca de sentido*, p. 80.
78 LEVI, Primo. *É isto um homem?*, pp. 78-87.

e de objetivos. A atitude que adotei naquele dia fatal se transformou no credo da minha vida: eu quebrei o pescoço, não quebrei meu ser".[79]

Dessa maneira, a afirmação de Freud de que se reuníssemos um grupo de pessoas bastante diversificado e impuséssemos a esse grupo uma situação de fome, as diferenças individuais desapareceriam, ficando em seu lugar apenas a expressão uniforme da necessidade não satisfeita, para Frankl, consiste em um engano. Ele viveu tal situação. Para ele, em Auschwitz, "as 'diferenças individuais' não se 'apagaram', os indivíduos retiraram suas máscaras, tanto os porcos como os 'santos'".[80]

Para quem crê em um sentido incondicional da vida, inevitavelmente emerge uma pergunta: "existe um sentido último, um sentido além de todos os sentidos?". Esse é o tema que abordaremos no próximo capítulo.

---

79 FRANKL, Viktor. *Em busca de sentido*, p. 125.
80 *Ibid.*, p. 129.

Capítulo III

Deus, o ser desconhecido

Tudo o que faço ou medito
Fica sempre na metade.
Querendo, quero o infinito.
Fazendo, nada é verdade.
Que nojo de mim me fica
Ao olhar para o que faço!
Minha alma é lúdica e rica,
E eu sou um mar de sargaço
Um mar onde boiam lentos
Fragmentos de um mar de além...
Vontades ou pensamentos?
Não o sei e sei-o bem.

Fernando Pessoa

Em *A presença ignorada de Deus*, citando um ditado de Arthur Schnitzler,[81] Viktor Frankl diz que existem apenas três virtudes: coragem, objetividade e senso de responsabilidade, e relaciona cada uma delas com as três escolas vienenses de psicoterapia. A coragem seria a virtude da psicologia individual de Adler, uma vez que esse método

---

81 Romancista e dramaturgo austríaco, nascido em 1862, Viena, local onde morreu em 1931, foi admirado por Freud que, em carta de 1922, "confessa" que "sempre que me deixo absorver por suas belas criações, parece-me encontrar, sob a superfície poética, as mesmas suposições antecipadas, os interesses e conclusões que reconheço como meus próprios". Seminário "A ficção na psicanálise: Freud, Lacan e os escritores", Associação Psicanalítica de Porto Alegre, <www.appoa.com.br/noticia>.

procura encorajar o paciente a vencer seu sentimento de inferioridade. A objetividade estaria relacionada à psicologia freudiana, pois seu fundador olhou de frente a psique humana e se arriscou a descobrir os segredos da natureza interna do homem, tal como se encarasse a proposta da esfinge de que alguém decifrasse seu mistério.[82] A análise existencial se relaciona à virtude da responsabilidade, por interpretar a existência humana, em sua essência mais profunda, como ser responsável.

A logoterapia, ao indagar sobre o sentido da existência e concluir que este é incondicional, mostra que a vida tem um caráter de dever, de missão e, simultaneamente, de resposta à existência. Vimos, nos capítulos anteriores, que essa resposta é dada às perguntas colocadas pela própria vida, através de atos e responsabilidades assumidas. "Na verdade, a existência só poderá ser 'nossa' se for responsável".[83] Também se responde à vida "no aqui e agora", diante de cada situação concreta. Sendo assim, a responsabilidade é *ad personam* e *ad situationem*.

A análise existencial, assim como a psicanálise, têm como finalidade tornar algo consciente. Mas, enquanto na psicanálise torna-se consciente algo impulsivo, na análise existencial é algo espiritual que será conscientizado. Na logoterapia não é algo relativo ao *id* que se conscientiza, e sim o próprio eu: o ser se torna consciente de si mesmo.

Quando nos referimos ao ser humano como uma "totalidade corpo-mente", não estamos falando da totalidade

---

82 No filme *Freud além da alma* há um diálogo de Freud com o diretor do hospital onde trabalhava, Meyrnet, em que este o alerta para o que há de terrível nas descobertas feitas por Freud, se referindo a uma "caixa de escorpiões que se abria" e diz: "Aí está, Freud, da noite o que é da noite".
83 FRANKL, Viktor. *A presença ignorada de Deus*, p. 16.

humana, pois além de possuir a unidade psicofísica, o homem também deve ser representado pela sua característica mais específica, a espiritual, responsável pela consciência moral, pelo amor e pelas manifestações artísticas. Sendo assim, o homem é um ser "bio-psico-espiritual".[84]

O limite entre o que há de consciente e inconsciente no homem é permeável, e muito facilmente o que é consciente torna-se inconsciente e vice-versa. No entanto, o limite entre o instintivo e o espiritual precisa ser estabelecido de maneira nítida, pois o ser humano, propriamente dito, se manifesta onde não há um *id* a impulsioná-lo, mas um eu responsável. Como diz Jaspers, o homem é um ser que decide.[85] Frankl considera a existência como essencialmente espiritual e a facticidade composta tanto de elementos físicos quanto psíquicos. Os fatos psíquicos e físicos não podem ser separados facilmente, por isso, muitas vezes, é difícil para um médico saber se a origem de uma doença é física ou psíquica, mas a separação entre a existência espiritual e a facticidade psicofísica torna-se relevante, pois "na psicoterapia trata-se de mobilizar, a todo momento, a existência espiritual no sentido de uma responsabilidade livre, contrapondo-se aos condicionamentos da facticidade psicofísica, que o paciente tende a aceitar como seu destino".[86]

Como foi dito no capítulo anterior, Frankl adota a definição de ser humano como sendo um centro espiritual, em torno do qual se agrupa o psicofísico. Entretanto, qualquer manifestação humana, seja espiritual, psíquica ou física, pode ocorrer em um dos três níveis: consciente, pré-consciente e

---

84 FRANKL, Viktor. *A presença ignorada de Deus*, p. 21.
85 *Ibid.*, p. 19.
86 *Ibid.*, p. 20.

inconsciente, mas "o espiritual, assim como a própria existência, é algo imprescindível e, enfim, necessário, por ser essencialmente inconsciente".[87] Ao executarmos atos espirituais ficamos tão absorvidos que não somos passíveis de reflexão em nossa verdadeira essência. A existência, por ser irreflexível, não é analisável e, por isso, a logoterapia não se chama análise da existência e sim, análise existencial (é uma análise dirigida à existência). Na dimensão ontológica, a consciência (no sentido de "conhecimento do que se passa em nós") e a responsabilidade são fenômenos próprios do ser humano, são atributos básicos que pertencem ao existencial, como algo que sempre esteve nele contido. A pessoa espiritual pode ser consciente ou inconsciente, mas somente a pessoa profunda espiritual, que obrigatoriamente é inconsciente, merece ser chamada assim.

Frankl compara o que foi descrito acima com o funcionamento do olho. No ponto de entrada do nervo óptico, a retina tem seu ponto cego. Assim o espírito, quando é totalmente primordial, completamente "ele mesmo" em sua origem, é cego de toda auto-observação e autorreflexão. Citando os vedas indianos, o autor diz que "aquilo que vê, não pode ser visto; aquilo que ouve, não pode ser ouvido; e o que pensa, não pode ser pensado".[88] Da mesma maneira, para ele, não somente em sua origem, "primeira instância" ou profundeza, o espiritual é inconsciente, mas também em sua "última instância" ou altura. É nessa instância que o espiritual decide o que deve ser consciente ou inconsciente. Para exemplificar, podemos observar que, enquanto dormimos, apesar de inconscientes, há em nós uma instância que decide

---
87 FRANKL, Viktor. *A presença ignorada de Deus*, p. 18.
88 *Ibid.*, p. 24.

se devemos acordar ou continuar dormindo. É isso que faz com que uma mãe ignore, durante o sono, os barulhos vindos da rua, mas acorde ao choro de seu filho. Na hipnose também ocorre o mesmo. O hipnotizado acorda se estiver acontecendo algo que ele não quer. Essa instância decisória desaparece somente em casos de narcose de certo grau e é algo que "vela pelo ser humano". Ou seja, o mecanismo em nosso corpo que decide se devemos ou não nos manter inconscientes é, em si, inconsciente. Mas para que haja uma decisão é necessário algum grau de discernimento; e ambas as ações, decidir e discernir, são próprias de algo espiritual. Sendo assim, o espiritual deve ser inconsciente tanto em sua origem quanto em sua última instância.

Segundo o nosso autor, há três aspectos do inconsciente espiritual: a consciência moral,[89] o amor e a arte, que iremos analisar a seguir.

A consciência moral: o ético inconsciente

Frankl afirma que a consciência[90] também se estende até uma profundidade inconsciente, pois as grandes e autênticas decisões humanas ocorrem de maneira irrefletida, portanto, inconsciente.[91] Ele define a consciência como

---

89 Consciência moral, em alemão, *Gewissen*, aqui é tomada no sentido de uma faculdade de estabelecer julgamentos morais dos atos realizados. Este sentido difere do referido anteriormente à palavra consciência (conhecimento do que se passa em nós) que, em alemão, se escreve *Bewusstsein*.
90 Neste tópico, sempre que for utilizada a palavra consciência será no sentido de *Gewissen* (exceto nos casos em que houver indicação de outro sentido).
91 FRANKL, Viktor. *A presença ignorada de Deus*, p. 26.

sendo a compreensão pré-moral dos valores e afirma que assim como existe uma compreensão pré-científica do ser e, ontologicamente anterior a ela, uma compreensão pré--lógica do ser, existe uma compreensão dos valores que é anterior a qualquer moral explícita.[92] Ela é irracional, pois só é racionalizável secundariamente. Cita, como exemplo, o caso do exame de consciência, que só é possível ser feito *a posteriori*. Além disso, ele afirma que a deliberação da consciência, em última análise, é inescrutável, pois o ser que é (*Seinedes*) torna-se acessível à consciência (*Bewusstsein*), enquanto o ser que deve ser, mas ainda não é (*Sein-sollendes*) torna-se acessível à consciência moral (*Gewissen*). Este *Sein--sollendes* não é real, mas meramente possível. Todavia, essa possibilidade, em um sentido mais elevado, torna-se uma necessidade. O papel da consciência moral é revelar o que deve ser realizado, por isso ela precisa antecipar-se espiritualmente, intuir,[93] ou seja, antever o que precisa ser feito, captando os fatos antes de toda fixação lógica.[94] É por isso que a consciência moral é irracional, pois sendo essencialmente intuitiva, é racionalizável apenas posteriormente.

O amor: o erótico inconsciente

Processo semelhante ao que acontece em relação à consciência moral, ocorre com o amor. Ele também intui, percebendo um ser que ainda não é. Diferentemente da consciência,

---
92 FRANKL, Viktor. *A presença ignorada de Deus*, p. 26.
93 *Ibid.*, p. 27.
94 Essa é a definição de intuição adotada por Scheler. AZEVEDO, Juan Llambias de. *Max Scheler: Exposición Matemática y Evolutiva de su Filosofia*, p. 25.

não percebe um ser que "deveria ser", mas sim um que "poderia ser".

> *Assim, o amor descobre e traz à tona possíveis valores na pessoa amada. Também o amor antecipa algo através de sua visão espiritual, justamente aquelas possibilidades pessoais ainda não realizadas que a pessoa concreta, ou seja, a pessoa amada, contém em si.*[95]

Mas não é somente o fato de que ambos, amor e consciência moral, agem de modo necessariamente irracional, por serem essencialmente intuitivos, que os torna semelhantes. Outra característica que lhes é comum é a ligação a um ser absolutamente individual. A tarefa da consciência é revelar ao ser humano "aquele único necessário", a possibilidade única e exclusiva de uma pessoa concreta numa situação concreta, referida por Max Scheler como "valores de situação". Ela é individual, refere-se a algo concreto e não pode ser abarcada por nenhuma "lei moral" formulada em termos universais. Não é conhecida racionalmente, mas apenas intuitivamente.[96] Por essa razão, Frankl refere-se a ela como um *instinto ético*. Esse instinto difere daquele animal, ou seja, das formas de comportamento biologicamente não aprendidas, que são genéricas e tem um esquema fixo para todos os indivíduos, mesmo que, para salvar o grupo, o indivíduo seja prejudicado ou aja de forma contraproducente. "O instinto vital coloca a individualidade em segundo plano",[97] enquanto o instinto ético é pessoal, individual, e se dirige sempre ao concreto; sua eficácia decorre do fato de seu alvo não ser algo geral.

---

95 FRANKL, Viktor. *A presença ignorada de Deus*, p. 27.
96 *Ibid.*, p. 27.
97 *Ibid.*, p. 28.

O amor, por sua vez, também se dirige a uma possibilidade totalmente individual, por revelar "o único possível", as possibilidades únicas da pessoa amada. Somente o amor é capaz de ver a pessoa amada em sua singularidade. "Nesse sentido, o amor possui importante função cognitiva. E essa função cognitiva já foi talvez compreendida e reconhecida quando, em hebraico, o ato de amor e o ato de conhecimento foram designados pela mesma palavra".[98]

Viktor Frankl afirma então que amor e consciência são comparáveis e semelhantes não apenas por se dirigirem a um ser único e por intuírem algo, mas também por envolverem decisão: "na realidade, a escolha de um parceiro, a 'escolha amorosa' só constitui uma verdadeira escolha quando não é imposta pelo instintivo".[99] Também no amor, o ser humano é um "ser que decide".

A arte: o estético inconsciente

O inconsciente estético é a consciência artística. Frankl relata, em *A psicoterapia na prática*, o caso de uma artista plástica que não conseguia mais pintar obras de qualidade, assim consideradas por críticos de arte e por si mesma. Através da logoterapia e da interpretação de sonhos, seu consciente artístico e, ao mesmo tempo, sua religiosidade foram, aos poucos, restabelecendo-se, pois ela compreendeu quais foram as "quebras" que a impediam de prosseguir e encontrar realização em sua vida.[100] No artista, a intuição da consciência corresponde à inspiração. Esta jamais pode ser totalmente iluminada por aquela; ao

---

98 FRANKL, Viktor. *A presença ignorada de Deus*, p. 26.
99 *Ibid.*, p. 29.
100 FRANKL, Viktor. *A psicoterapia prática*, pp. 239-254.

contrário, se um artista se auto-observa com muita intensidade, prejudica sua obra. Assim, um violinista que se auto-observa demais em relação à sua técnica, à posição com que executa os movimentos e cada movimento em si, fica impedido de executar a peça musical. Há um relato de um caso como esse em *A presença ignorada de Deus*, em que o paciente teve que utilizar a técnica da derreflexão (desenvolvendo nele a confiança de que seu inconsciente era "mais musical" que seu consciente e que, portanto, ele não deveria ficar tão atento à execução de seus atos), pois já não conseguia tocar.[101]

A função do psicoterapeuta então não é trazer, a qualquer custo, tudo à consciência. O médico traz à consciência apenas temporariamente o que é importante no tratamento do paciente para, depois, fazer retornar ao inconsciente, de forma a reconstituir novamente o hábito.

Não é válido, entretanto, concluir que toda produção artística, ou mesmo as realizações eróticas ou éticas, devem ser atribuídas a um sentimento. É necessário, nesse caso, fazer uma distinção dos diferentes conceitos da palavra sentimento. Frankl ressalta que é importante diferenciar os sentimentos intencionais (*intentionales Gefühl*) dos estados afetivos (*Gefühlszustand*) e dos sentimentos situacionais (*zuständliches Gefühl*). Somente no primeiro sentido da palavra podemos relacionar sentimento com inconsciente espiritual. Em suas palavras:

> *Enquanto os sentimentos intencionais poderiam muito bem ser atribuídos ao inconsciente espiritual, os meros estados afetivos têm tão pouco a ver com o ser humano espiritual-existencial, ou seja, com o ser humano verdadeiro quanto quaisquer estados instintivos.*[102]

---

101 FRANKL, Viktor. *A presença ignorada de Deus*, p. 30.
102 FRANKL, Viktor. *A presença ignorada de Deus*, pp. 30-31.

A origem transcendente da consciência moral

Analisemos, agora, um pouco mais do que Viktor Frankl nos diz a respeito do primeiro aspecto do inconsciente espiritual, a consciência moral. Em primeiro lugar, ele afirma que a neurose ou a psicose ocorrem quanto o *id* (psicofísico) irrompe na consciência (*Bewusstsein*), enquanto que a consciência moral (*Gewissen*) é o que ocorre quando o eu (espiritual) penetra na esfera do inconsciente.[103]

O autor diz, também, que a consciência moral possui uma transcendência. Para explicar, observa que toda liberdade tem um "de quê" e um "para quê". O "de quê" o homem pode se libertar, consiste em seu ser impulsionado, o "para quê" consiste em ser responsável, ter consciência. Cita, para isso, Maria von Ebner-Eschenbach: "sê senhor da tua vontade e servo da tua consciência!",[104] dizendo que somos senhores de nossa vontade por sermos humanos (entendendo-se o homem como ser livre e plenamente responsável), mas servos de nossa consciência quando a obedecemos. Porém, só é possível a alguém obedecer a algo distinto de si mesmo. A consciência de um homem, portanto, é algo diferente dele mesmo, algo mais que ele.

> *Em outras palavras, só posso ser servo da minha consciência, se na minha autocompreensão, entender a consciência como um fenômeno que transcende minha mera condição humana e, consequentemente, compreender a mim mesmo, a minha existência, a partir da transcendência.*[105]

---

103   *Ibid.*, p. 31.
104   *Ibid.*, p. 40.
105   FRANKL, Viktor. *A presença ignorada de Deus*, p. 40.

Para que o diálogo com a consciência seja verdadeiro, e não um monólogo, essa consciência deve ser porta-voz de algo distinto do ser humano. Frankl afirma que a voz da consciência é, na verdade, a voz da transcendência. Essa voz é ouvida pelo homem, não provém dele, mas, apesar disso, tem caráter necessariamente pessoal, pois é dirigida a cada ser humano em particular. Cada pessoa ouve sua própria voz da consciência. Ele diz que somente o caráter transcendente da consciência faz com que possamos compreender o homem em um sentido mais profundo. É, segundo ele, algo análogo ao que acontece com o umbigo humano. Essa marca, que todos nós portamos, só pode ser compreendida a partir da história pré-natal do homem, não poderia ser compreendida se o considerássemos como um indivíduo isolado. De modo semelhante, "a consciência só pode ser entendida em seu sentido pleno quando a concebemos à luz de uma origem transcendente".[106] Só é possível entendê-la a partir de uma região extra-humana. "Em outras palavras, para explicar a condição humana de ser livre, é suficiente basear-nos em sua existencialidade, porém para explicar a condição humana de ser responsável, precisamos recorrer à transcedentalidade de ter consciência".[107] Indo mais além, Frankl afirma que a consciência somente será compreensível se entendermos o homem em sua condição de criatura. Somos criadores enquanto senhores de nossa vontade, e criaturas como servos de nossa consciência.

---

106 *Ibid.*, p. 41.
107 *Ibid.*, p. 42.

O sentido último

Todo ser humano possui consciência e responsabilidade, mas a diferença entre o homem religioso e o irreligioso é que esse último não se pergunta pelo que é responsável nem de onde provém sua consciência. Ele não quer ir além, e isso não deve ser motivo de surpresa, pois não é sem dificuldade que reconhecemos o caráter transcendente da voz da consciência. Para ilustrar esse fato, Frankl cita o relato do profeta Samuel[108] que, quando rapaz, dormindo no templo do sumo sacerdote Eli, é acordado pela voz de Deus chamando-o. Isso aconteceu três vezes e em todas elas Samuel se levantava e ia perguntar a Eli o que este desejava. Somente após a terceira vez, o sacerdote instruiu o jovem a responder: "fala, Senhor, pois teu servo escuta". Frankl afirma que se até o profeta não reconheceu como tal a voz que veio da transcendência, só poderia ser comum que o homem atribuísse essa voz como algo fundamentado em seu próprio ser. Assim, o homem irreligioso se mantém na imanência, para antes do tempo, como um alpinista que se recusa a subir ao topo do monte porque este está encoberto pelas nuvens. Isso não impede, porém, que esse homem e aquele que é religioso (por acreditar na transcendência) se despeçam gentilmente: um ficando onde está, e o outro seguindo seu caminho. O que continua subindo assume o risco de seguir na incerteza da neblina; respeita a decisão do que ficou em algum ponto do caminho, pois como religioso, sabe que a liberdade, de seguir em frente ou não, foi desejada e criada por Deus.

---

108 I Samuel 3: 2-9.

Por vezes, o irreligioso se contenta em renegar apenas o nome de Deus, falando "do divino" ou "da divindade". Não tem coragem de se assumir partidário daquilo que reconhece, pois para usar a palavra "Deus", é necessário um pouco de humildade.[109] Ao nos perguntarmos sobre a voz da consciência podemos, portanto, ir além, perguntando-nos sobre sua origem. Assim, o questionamento ético leva ao religioso.

> *A consciência não apenas nos leva à transcendência, como também se origina dentro da transcendência; portanto, a consciência é onticamente irredutível. Para a problemática sobre a origem da consciência não há nenhuma saída psicológica ou psicogenética, apenas uma resposta ontológica.*[110]

Por ser responsável, o ser humano não pode ser reduzido à sua instintividade. Um impulso não pode reprimir, censurar ou sublimar a si próprio. O eu também não pode se responsabilizar perante ele próprio, ou seja, não existe nenhum "imperativo categórico" autônomo, pois seu caráter categórico não pode ser derivado da imanência; antes, depende da transcendência. Dessa maneira, enquanto o *id* é impulsionado, o eu é responsável, e não apenas perante si próprio. "Ser livre é pouco, ou nada, se não houver um 'para quê'. Porém, também ser responsável não é tudo, se não soubermos 'perante quê' somos responsáveis".[111] Para Frankl, a consciência jamais teria autoridade na imanência se não fosse referente ao "tu" de Deus. Só podemos responder se

---

109   FRANKL, Viktor. *A presença ignorada de Deus*, p. 43.
110   *Ibid.*, p. 44.
111   FRANKL, Viktor. *A presença ignorada de Deus*, p. 44.

nos perguntam algo. Desse modo, toda resposta necessita de um "a quê", que deve ser anterior à resposta em si. "O 'perante quê' de toda responsabilidade é anterior à própria responsabilidade. Meu 'dever' deve ser anteposto para que eu 'deva querer' ".[112] Criticando Sartre, que diz que o homem é livre e exige dele que escolha, que invente a si mesmo, diz que tal afirmação equivale a uma pessoa querer subir por uma corda lançada por si mesma no espaço, sem nenhum ponto de apoio. Da mesma maneira, Frankl critica a psicanálise:

> *O que a Psicanálise afirma não é nada mais nada menos do que o seguinte: o ego puxa a si mesmo pelos cabelos do superego para sair do pântano do id. Na realidade, Deus não é um imago de pai, mas o pai é um imago de Deus. Para nós, o protótipo de toda divindade não é o pai, mas exatamente o contrário é verdadeiro: Deus é o protótipo de toda paternidade. Apenas do ponto de vista ontogenético, biológico e biográfico, o pai é o primeiro; ontologicamente, porém, Deus está em primeiro lugar. Assim, psicologicamente, a relação filho-pai é anterior à relação homem-Deus, contudo, ontologicamente, essa relação não é modelo, mas sua imagem. Do ponto de vista ontológico, meu pai carnal que me gerou fisicamente é o primeiro representante casual daquele que tudo gerou; portanto, do ponto de vista ontológico, meu criador natural é apenas o primeiro símbolo e, de alguma maneira, também o imago do Criador sobrenatural de toda natureza.*[113]

Para Frankl, a logoterapia mostra que o Eu revela-se como "também inconsciente", o inconsciente como "também

---

112 *Ibid.*, p. 45.
113 *Ibid.*, pp. 45-46.

espiritual" e esse "inconsciente espiritual" mostra ser "também transcendente". Essa fé inconsciente do homem está incluída no conceito de seu "inconsciente transcendente". Esse "inconsciente transcendente", "significa que sempre houve em nós uma tendência inconsciente em direção a Deus, que sempre tivemos uma ligação intencional, embora inconsciente, com Deus. É justamente esse Deus que denominamos de Deus inconsciente.[114] Todavia, Deus inconsciente não significa que Ele seja inconsciente em si mesmo, mas permanece inconsciente para nós. Essa nossa relação com Deus pode ser oculta para nós mesmos, especialmente quando é reprimida. Frankl alerta que esse conceito de Deus inconsciente já era conhecido, por exemplo, nos Salmos, quando se referem ao Deus oculto, ou na antiguidade helênica, que erigiu um altar ao "Deus desconhecido".

Contudo, esse termo – inconsciente espiritual – pode dar margem a três interpretações errôneas. A primeira, que Frankl chama de "teologia diletante", é interpretar o Deus inconsciente no sentido panteístico, que consideraria o *id* como sendo, ele próprio, divino. "O fato de sempre termos tido uma relação inconsciente com Deus não significa absolutamente que Deus esteja 'dentro de nós', que 'habite' inconscientemente em nós, que preencha nosso inconsciente".[115] A segunda, chamada pelo autor de "metafísica imediatista", seria considerar Deus inconsciente em um sentido ocultista, de um "saber inconsciente". Se fizermos assim, estipularemos que o inconsciente é onisciente, ou pelo menos que algo que faz parte do eu sabe mais que o eu. O inconsciente não é Deus. O terceiro erro de interpretação seria considerar

---

114 FRANKL, Viktor. *A presença ignorada de Deus*, p. 48.
115 *Ibid.*, p. 48.

Deus como sendo "*id-ficado*". Nesse ponto, Frankl faz uma crítica a Jung:

> *De acordo com Jung, com efeito, a religiosidade inconsciente está ligada a arquétipos religiosos, a elementos do inconsciente arcaico ou coletivo. Na realidade, a religiosidade inconsciente em Jung muito pouco tem a ver com uma decisão pessoal do homem; representa muito mais um evento coletivo, "típico", justamente arquetípico, "no" homem.*
>
> *Nós, porém, acreditamos que a religiosidade nunca poderia se originar num inconsciente coletivo, justamente porque pertence às decisões pessoais, às decisões mais pessoais e próprias do eu, decisões estas que podem, de fato, ser inconscientes, mas nem por isso precisam fazer parte da esfera dos impulsos do* id.[116]

De acordo com Frankl, o inconsciente religioso, para Jung, continuaria a ser algo que determina a pessoa. Nosso autor, porém, afirma que o inconsciente espiritual e, sobretudo, o "inconsciente transcendente", não são determinantes, mas existentes. Sendo os arquétipos "uma qualidade ou condição estrutural própria da psique que, por sua vez, está ligada de alguma forma ao cérebro",[117] a religiosidade se transformaria numa questão do psicofísico humano, quando, na realidade, seria uma questão do portador desse psicofísico, ou seja, da pessoa espiritual. Ao se considerar os arquétipos religiosos como meras imagens impessoais de um inconsciente coletivo, encontradas no inconsciente individual praticamente prontas, os fatos psicológicos invadiriam arbitrariamente a pessoa, passariam por cima dela. Para Frankl, a religiosidade inconsciente provém do centro do homem,

---

116 FRANKL, Viktor. *A presença ignorada de Deus*, p. 50.
117 *Ibid.*, p. 50.

a não ser que permaneça latente e reprimida na profundeza da pessoa. Ela não pode ser considerada inata quando atribuída ao caráter espiritual-existencial. Os esquemas preestabelecidos que seguimos são herdados não geneticamente, mas culturalmente. Nosso mundo de imagens religiosas não é inato em nós, nós é que nascemos dentro dele:

> *Portanto, não negamos absolutamente que o homem já encontre algo para onde canalizar sua religiosidade, algo de fato preexistente do qual se apodera de maneira existencial. Porém, aquilo que o homem encontra pronto, aquelas imagens primitivas, não são quaisquer arquétipos, mas as orações dos nossos pais, os ritos das nossas igrejas, as revelações dos nossos profetas – e os exemplos dos nossos santos.*[118]

A religiosidade das pessoas que a tem reprimida se manifesta na análise existencial de maneira ingênua, quase infantil. Tais vivências religiosas inconscientes coincidem com imagens muito antigas e apreciadas da época da infância.

> *A análise existencial nos situa, assim, numa posição mais avançada que a psicanálise. Hoje não questionamos mais "o futuro de uma ilusão"; porém, refletimos sobre a eternidade de uma realidade, sobre a eternidade e a atualidade, sobre a onipresença daquela realidade que revelou ser a religiosidade do homem e que constitui uma realidade no sentido empírico mais estrito.*[119]

Quando a análise existencial investiga a fundo o modo de existir neurótico, não é raro que, como causa dessa maneira neurótica de existir, encontre uma deficiência: sua relação com

---

118 *Ibid.*, p. 51.
119 FRANKL, Viktor. *A presença ignorada de Deus*, p. 52.

a transcendência está perturbada. Às vezes, essa transcendência reprimida emerge como "inquietude do coração", que pode se manifestar como neurose. Frankl relata o caso de um paciente que sofria de neurose obsessiva compulsiva. Ele imaginava que se deixasse de praticar determinados atos sua mãe e sua irmã seriam condenadas pela eternidade. Quando questionado, porém, sobre sua religiosidade, disse que conhecia os livros de orações como um criminoso conhece o código de leis. Dizia que, pela razão, não acreditava em um Deus que recompensa e pune, e também afirmava ser ele mesmo um "livre-pensador", como seguidor de Haeckel, que popularizou o materialismo de orientação biológica. Frankl conclui que:

> *Se Freud disse: "a religião é a neurose obsessiva comum ao gênero humano"; da mesma forma que a neurose obsessiva da criança, ela se origina no complexo de Édipo, no relacionamento com o pai, nós, diante do caso que acabamos de descrever, estamos quase inclinados a inverter a afirmação, ousando dizer que a neurose obsessiva é que seria a religiosidade psiquicamente doente.*[120]

Para ele, quando a fé atrofia, ela se distorce, desfigura-se; a fé reprimida degenera em superstição. Na neurose obsessiva individual, não em poucos casos, a deficiência da transcendência se vinga através de uma existência neurótica.

Psicoterapia e religião

O psicoterapeuta que se interessa por questões religiosas, na qualidade de médico, tem obrigação de mostrar

---

120 *Ibid.*, p. 53.

tolerância incondicional a não religiosidade que, porventura, encontre em seus pacientes. Como dito anteriormente, a fé deve ser espontânea. O médico religioso, justamente por sê-lo, deve se interessar não apenas pela religiosidade do paciente, mas também pela espontaneidade dessa religiosidade – ele deve estar consciente da religiosidade latente de seus pacientes manifestamente irreligiosos, mas esperar que ela se manifeste, pois a religiosidade só é genuína quando existencial, quando a pessoa não é impelida para ela, mas se decide por ela.

Freud já havia advertido que o efeito terapêutico de tornar conscientes conteúdos inconscientes dependia do grau de espontaneidade do paciente. Frankl observa que também "somente a manifestação espontânea da religiosidade inconsciente poderá ter efeito curativo".[121] Um exemplo dessa espera pela espontaneidade religiosa é relatado por Frankl, no caso de um sacerdote que foi chamado por um homem irreligioso que estava à beira da morte. Ele havia chamado o padre apenas porque queria desabafar antes de morrer. Esse sacerdote respeitava em grau tão elevado a espontaneidade da fé que não ofereceu ao homem a unção dos enfermos, pois este não lhe havia solicitado. Frankl conclui que um médico não deve ser mais sacerdotal que um sacerdote. Assim, um psicoterapeuta não deve sobrepujar o sacerdote. Da mesma maneira que o médico não religioso não deve retirar do paciente a sua fé, o que é religioso deve deixar ao sacerdote o que é dele, seu ministério. Frankl se refere ao neurótico obsessivo como aquele que, ao buscar o conhecimento cem por cento correto e a decisão cem por

---

121 FRANKL, Viktor. *A presença ignorada de Deus*, p. 56.

cento válida, querendo se sobrepor à condição de criatura, está preso à tentação da serpente: "sereis como Deus, cientes do bem e do mal". De modo análogo agiriam os terapeutas que querem usurpar as atribuições dos sacerdotes. Nesse caso, a promessa da serpente é: "sereis como os pastores, mostradores do bem e do mal". Assim como a logoterapia não quer e não pode substituir a psicoterapia, também não lhe é permitido substituir a "assistência pastoral da alma".

Quanto ao médico não religioso, Frankl afirma que não tem o direito de usar a religião como um meio útil aos fins terapêuticos. "Para que a religião possa ter efeitos psicoterapêuticos, seu motivo primário não pode ser absolutamente psicoterapêutico".[122] O médico religioso, por sua vez, só tem obrigação de abordar pontos de vista religiosos de um paciente como pessoa que crê. Mesmo que a religião tenha como efeito secundário uma influência favorável sobre aspectos tais como saúde e equilíbro psíquico, seu objetivo não é a cura psíquica, mas a salvação da alma.

> *A religião não é um seguro para uma vida tranquila, para a ausência máxima de conflitos ou para quaisquer outros objetivos psico-higiênicos. A religião dá ao homem mais que a terapia, mas também dele exige mais. Deve ser evitada com todo rigor qualquer contaminação entre esses dois campos, que podem até coincidir quanto a seus efeitos, mas são diferentes quanto à sua intencionalidade.*[123]

A psicoterapia também não deve renunciar à sua autonomia como ciência e à sua independência frente a religião,

---

122 FRANKL, Viktor. *A presença ignorada de Deus*, p. 57.
123 *Ibid.*, p. 57.

assumindo uma posição de serva da teologia. A dignidade do homem está fundada em sua liberdade, inclusive a liberdade de dizer não a Deus. A dignidade da ciência está baseada na liberdade incondicional que garante à investigação sua independência.

Assim como a liberdade humana precisa ser garantida até o "não", a liberdade de investigação deve ser concedida até o risco de que os resultados da investigação possam entrar em contradição com as verdades da fé. Somente dessa investigação militante poderia surgir aquele triunfo de incorporar seus resultados incontestáveis nas verdades do credo, as quais se situam num nível superior.[124]

Ao se falar da dignidade do homem, definimo-la como um "valor em si", em contraposição ao valor útil. Quem pretende colocar a psicoterapia como serva da teologia rouba-lhe a dignidade de uma ciência independente e também lhe subtrai o valor útil para a religião.

A psicoterapia só pode servir à religião, ou pelos resultados empíricos de suas investigações, ou pelos efeitos de seus tratamentos psicoterapêuticos, se ela não se mover num caminho já preestabelecido, se não se fixar em metas predeterminadas. No campo científico somente os resultados imparciais de uma investigação independente serão úteis à teologia.[125]

Viktor Frankl também enfatiza que, se algum dia a psicoterapia comprovar que a alma é o que ele acredita ser, naturalmente religiosa, isso só será possível mediante

---

124 FRANKL, Viktor. *A presença ignorada de Deus*, p. 58.
125 Ibid., p. 58.

a investigação de uma ciência naturalmente irreligiosa, autônoma. "Não é preciso ser 'criada' para servir".[126] O médico logoterapeuta, assim como os demais psicoterapeutas, tem a obrigação de cuidar para que seu método seja aplicável a todo e qualquer doente, seja ele crente ou não. Assim também, a logoterapia deve ser aplicável por todo e qualquer médico, independentemente de sua visão pessoal de mundo. Desse modo, a religião só pode ser objeto e não posição da logoterapia, pois esta tem como finalidade a cura da alma, enquanto aquela tem como alvo a salvação da alma. A religião não deixa de ter efeitos psico-higiênicos e psicoterapêuticos, mas sua intenção não é a cura psíquica nem o estabelecimento de medidas profiláticas. Do mesmo modo, a psicoterapia pode restabelecer uma fé original inconsciente e reprimida, mas não é esse seu alvo, nem deve ser essa sua intenção, a não ser que o médico e o paciente tenham o mesmo chão de credo religioso. Nesse caso, não tratando seu paciente propriamente como médico, também pode exercer a função pastoral. A função do médico não é apenas curar, mas também consolar a alma.

A salvação da alma ocupa um nível mais elevado e abrangente que a saúde psíquica. Frankl compara essa diferença de níveis, afirmando que ela é semelhante à razão áurea da geometria. Na razão áurea, um segmento é dividido em duas partes desiguais, de tal modo que a parte menor está para a maior assim como a parte maior está para o todo. De maneira semelhante, o habitat animal estaria para o mundo humano assim como o mundo humano está para o supramundo transcendente.

---

126 FRANKL, Viktor. *A presença ignorada de Deus*, p. 58.

Desse modo, as injeções que são aplicadas em um macaco de laboratório não fazem sentido para o macaco, só podem ser entendidas no mundo humano, no qual tais experiências têm como finalidade a obtenção de alguma cura ou a informação de determinado processo físico. Analogamente, o mundo transcendente ultrapassa a capacidade de compreensão do mundo humano e o sentido do sofrimento do homem talvez só possa ser dado pelo suprassentido.

A logoterapia então movimenta-se no aquém da fé. Se a psicoterapia representasse a Revelação a um paciente descrente, ele mesmo já seria um crente. Reconhecer a Revelação já pressupõe uma decisão de fé. Não tem cabimento fazer perguntas que transcendam tempo e espaço, pois não é possível pensar, muito menos perguntar, sem pressupor esses dois elementos. O sentido último não pode ser perguntado para além dele mesmo, deve ser aceito. "Há algo como um conhecimento prévio a respeito de sentido; e uma noção de sentido também está na base da vontade de sentido. Quer queira, quer não, se o admite ou não – o ser humano crê num sentido enquanto respira".[127] A logoterapia não entende o fenômeno da crença como uma fé em Deus, e sim como uma fé mais abrangente num sentido, por isso é legítimo que se ocupe com o fenômeno da fé. Segundo a definição de Paul Tillich, citada por Frankl, "ser religioso significa fazer a pergunta apaixonada pelo sentido da nossa existência".[128]

A religiosidade pessoal e personalizada, para a qual Frankl crê que a humanidade caminha, não exclui o fato de que os homens possam ter ritos e símbolos em comum,

---

127 FRANKL, Viktor. *A presença ignorada de Deus*, pp. 61-62.
128 *Ibid*, p. 62.

porém tais ritos e símbolos funcionariam como linguagens. Existiriam em multiplicidade, porém tendo um "alfabeto" em comum. Do mesmo modo que é possível mentir, errar ou dizer a verdade em qualquer língua, também é possível encontrar Deus em qualquer religião.[129]

A logoterapia não é moralista em sua práxis, uma vez que não receita um sentido. Esse deve ser encontrado pelo paciente, que pode não entender o sentido do que lhe acontece, mas tem a tarefa de interpretá-lo corretamente. "Não foi a logoterapia, e sim a serpente que prometeu ao ser humano no paraíso que ela faria dele um ente 'como Deus, ciente do bem e do mal'".[130]

O homem em busca de sentido

O sentido também não pode ser produzido, pois senão será mera sensação de sentido ou absurdo.[131] Há aqueles que não encontram um sentido em sua vida e nem conseguem inventá-lo, lançando-se, por isso, ao inebriamento, correndo o risco de passar ao largo do sentido verdadeiro e das tarefas autênticas a serem cumpridas no mundo fora de si mesmas. Segundo Frankl, o risco de tal comportamento é semelhante àquele de cobaias que têm a sensação de satisfação do impulso sexual ou da fome quando se lhes aplicam eletrodos nos cérebros: os animais acabam aprendendo a fechar os eletrodos sozinhos e acabam por ignorar alimentos e parceiros sexuais que se encontram à disposição.

---

129 FRANKL, Viktor. *A presença ignorada de Deus*, p. 63.
130 *Ibid.*, p. 66.
131 *Ibid.*, p. 67.

Frankl define a consciência (*Gewissen*) como a capacidade de procurar e descobrir o sentido único e exclusivo de cada situação. O sentido deve e pode ser encontrado, mas a consciência também pode enganar a pessoa. Até nosso último suspiro não saberemos se realmente cumprimos o sentido de nossa vida ou nos enganamos. Isso não implica a inexistência da verdade e nem que ela não seja única. Não podemos, porém, saber se somos nós ou se é o outro que possui a verdade. Existem não apenas os sentidos individuais e restritos a cada situação, mas sentidos universais abstratos, que se estendem a situações mais amplas e à sociedade humana: os valores. O que a consciência diz é bem claro e não traz conflitos. Os valores gerais, porém, são fontes de conflitos, pois frequentemente uma pessoa se encontra numa situação em que deve optar por valores que se contradizem. Mas mesmo a natureza conflitante dos valores pode não ser inerente a eles. O conflito pode ser apenas aparente, como no caso de duas esferas exteriores uma à outra, situadas em planos distintos e parcialmente sobrepostas em relação à sua projeção em um plano. Apenas a projeção está sobreposta, mas na verdade isso se dá porque as esferas encontram-se uma acima da outra. Em sua dimensão real não se interceptam. Quando nossa percepção dos valores faz com que eles se contradigam, temos a liberdade de dar ouvidos à voz da consciência ou rejeitá-la.

Quando a consciência é sistemática e metodicamente reprimida e sufocada, o resultado é ou o conformismo ocidental, ou o totalitarismo oriental,[132] *dependendo se os "valores" excessivamente*

---

132 A última edição alemã da obra *A presença ignorada de Deus*, foi escrita em 1988, ainda durante a Guerra Fria.

generalizados pela sociedade são simplesmente oferecidos ou então impostos.[133]

Em uma época na qual não se acreditam válidos os dez mandamentos, temos que captar os dez mil mandamentos que se ocultam sob dez mil situações de nossa vida. Encontrar um sentido para a existência significa ficar imunizado ou resistente ao conformismo e ao totalitarismo. Em um mundo onde há excesso de informações e de estímulos é preciso discernir o que é essencial: o que tem sentido e o que não tem.

Em situações aparentemente sem sentido, é válido acreditar em um sentido encoberto, em um suprassentido. Apenas pelo intelecto não é possível demonstrar a existência desse suprassentido e, caso os argumentos de que dispomos a favor e contra a existência desse sentido último fiquem equilibrados, podemos jogar o peso de nosso próprio ser em um dos pratos da balança.

A nossa impossibilidade de conhecer o sentido não significa a sua não existência. Um ator em um palco iluminado não consegue enxergar sua plateia porque o excesso de luzes ofusca sua vista, isso não faz com que duvide da existência de espectadores. Somos ofuscados cotidianamente com as trivialidades, e preenchemos o buraco negro que vemos à nossa frente com símbolos. "O homem, afinal, tem a necessidade de 'projetar' algo ou alguém para dentro do nada diante do qual se encontra".[134] O símbolo, porém, não coincide com o que representa. "Concluímos, assim, que a religião poderia muito bem ser definida como um

---

133   FRANKL, Viktor. *A presença ignorada de Deus*, p. 69.
134   FRANKL, Viktor. *A presença ignorada de Deus*, p. 84.

sistema de símbolos; seriam símbolos para algo que não pode mais ser apreendido mediante conceitos e depois ser expresso em palavras".[135]

A linguagem pessoal, pela qual cada um de nós se dirige a Deus, culmina na prece, que é um diálogo com Deus. Frankl faz uma definição operacional de Deus: Ele é o parceiro em nossos mais íntimos diálogos. "Sempre que estivermos dialogando na derradeira solidão e honestidade, é legítimo denominar o parceiro desses solilóquios de Deus, independentemente de nos considerarmos ateístas ou crentes em Deus. Essa diferenciação torna-se irrelevante dentro dessa definição operacional".[136] Não é importante saber se a solidão desse diálogo é ou não aparente. O importante é que esse diálogo produza a "honestidade última". "Se Deus realmente existe, estou convicto de que Ele não levaria a mal se alguém o confundisse com o próprio eu e o chamasse pelo nome errado".[137]

Lembrando o físico Albert Einstein, para quem "ser religioso é ter encontrado uma resposta para a pergunta 'qual o sentido da vida?'",[138] poderíamos dizer que quem encontra tal resposta é aquele que atinge a consciência de que sua própria existência é uma dádiva. A vida é, ao mesmo tempo, dádiva e incumbência. Ela nos incumbe de cumprir seu sentido e nos agracia com a possibilidade de nos realizarmos através desse cumprimento.

---

135 *Ibid.*, p. 86.
136 *Ibid.*, p. 87.
137 *Ibid.*, p. 88.
138 EINSTEIN, Albert. *Out of My Later Years*, apud FRANKL, Viktor. *A presença ignorada de Deus*, p. 89.

Conclusão

Enquanto estamos vivos procuramos um sentido para o que vivemos. Para que, afinal de contas, repetir indefinidamente os vários gestos diários? Qual é o motivo de prosseguir a cada dia? Por que sofrer? A quem amar? Para Viktor Frankl, essas perguntas não são feitas por nós mesmos, mas se colocam naturalmente à nossa frente. Podemos fugir delas, pedir que a vida emudeça e agir no sabor da inércia, sem assumir as responsabilidades que, inevitavelmente, virão juntamente com as respostas. É possível passar toda uma vida no esquecimento das questões realmente importantes. No entanto, quem se deixa levar, em algum momento ficará descontente com o lugar para o qual é dirigido. Para Frankl, o conformismo é uma das faces da falta de sentido.

Gostamos das respostas fáceis e é enorme a tentação de buscar uma chave que explique o mundo, liberando-nos do trabalho de ter que considerar as nuances de cada situação que nos apresenta. Pode ser que aceitemos uma resposta pronta de alguém ou de um grupo, que pode ser político, religioso ou de outra natureza, até mesmo de bons amigos com os quais nos divertimos. Grupos costumam ser ótimos e, excetuando-se uma ou outra pessoa, todos contamos com o conforto do estar junto a outros, de compartilhar atividades e ideias. A amizade e o companheirismo são enriquecedores e, como diz o Eclesiastes (4:9), "é melhor serem dois do que um". O encontro com um outro pode ser uma ótima ocasião para encontrarmos sentido. Tudo que é humano, porém, pode ser usado para o bem ou para o mal e o convívio não é uma exceção a essa regra. Se, ao nos unirmos aos outros, deixamos de lado nossa responsabilidade e julgamento pessoais, certamente caminhamos para um abismo desconhecido. A neurose de massa, que caracteriza esse desejo de fusão, é o outro lado da ausência de sentido e de responsabilidade. Podemos também, de antemão, fixar como objetivo de nossos atos algo que deveria ser a consequência deles. Assim, nossa vida pode ser gasta na busca do prazer, da notoriedade, da riqueza ou da beleza. A batalha que se compra com tal decisão, já vem com o aviso de derrota. O prazer tem como natureza a fugacidade; o homem que se fia em sua própria fama ou se desconhece, ou se julga uma fraude; a riqueza traz a insegurança e a insaciabilidade, e a beleza se esvai, sempre, muito mais rápido do que gostaríamos. Como diz David Foster Wallace, pessoas com tais propósitos na vida morrerão um milhão de mortes antes de serem enterradas.

Cada parte da obra de Frankl é um sinal de alerta: é preciso encontrar o sentido no que vivemos; não podemos nos conformar, render-nos ao totalitarismo, ou nos perdermos, ignorando o que deve ser feito ou nos colocando falsos propósitos. Encontrar um sentido é assumir uma responsabilidade. A logoterapia se propõe justamente a ajudar no encontro daquilo que deve ser feito por cada homem, exclusivamente por ele. Pelo fato de as neuroses noogênicas serem neuroses espirituais, é apropriado que sejam tratadas por uma terapia que considera o homem como ser essencialmente espiritual – a logoterapia. O sentido, porém, não deve ser imposto, mas encontrado.

Como saber, então, se não estamos vivendo uma ilusão de sentido? A verdade é que não é possível se precaver totalmente contra enganos. Podemos, isso sim, sempre nos perguntar qual a responsabilidade que estamos assumindo diante da resposta dada à vida. Um questionamento sério a respeito do sentido já deve incluir, naturalmente, o questionamento sobre se o sentido encontrado não é ilusório. O diálogo que devemos honestamente travar conosco mesmos, na solidão de nossa consciência – que para Viktor Frankl é um diálogo com Deus –, deve ser constante. Na grande orquestra da humanidade, temos a função de executar a partitura que foi dada exclusivamente para nós, pois nosso instrumento, o espírito, é único. O sentido é pessoal e aplicável a cada situação particular. Cada nota deve ser executada por sua vez e nossos erros e acertos são a melodia da obra que somente poderá ser avaliada, em sua totalidade, após termos deixado o palco.

Mas, de acordo com Frankl, quando se assume uma responsabilidade, assume-se perante alguém. A pergunta que então se coloca é: quem é o apreciador do conjunto dessa obra musical que tocamos? O psicólogo, que é tema de nosso estudo, responde: a essência do ser humano é espiritual e os atos espirituais, como a consciência moral, o amor e a arte, são essencialmente inconscientes. A consciência moral só tem autoridade sobre o homem porque não provém dele mesmo. A origem dessa consciência é o "perante quem" temos uma responsabilidade a assumir. Frankl afirma, porém, que não importa se chamamos essa origem de Deus ou de "eu mesmo". Uma vez que o diálogo com a consciência é travado, há aí uma oportunidade de encontro do sentido. Prosseguindo com a comparação feita: o apreciador de nossa obra é quem nos incumbiu da partitura. Como estamos no palco, somos ofuscados pelas luzes e não o enxergamos. Por vezes, até supomos que ninguém nos observa. Não importa: podemos executar nossa música simplesmente porque ela está posta, e devemos extrair de nosso instrumento o melhor som possível. O sentido será encontrado quando executarmos bem a peça (uma realização), quando apreciarmos a harmonia das outras melodias que são tocadas juntamente com a nossa (o encontro do outro, o amor), ou quando suportarmos nossas notas dissonantes e de difícil execução (o sofrimento), cientes de que não devemos abandonar o palco, pois aquele trecho, aparentemente em desacordo com nossa concepção de uma bela música, é essencial na totalidade da sinfonia – mesmo no sofrimento pode-se assumir uma atitude de valor, permanecendo-se humano e em constante superação.

Deus é o sentido último, de acordo com Viktor Frankl. A logoterapia, ao levar o homem a descobrir o sentido de sua existência, faz com que ele se aproxime do Deus transcendente. Em última instância, portanto, quem promove a cura da neurose da falta de sentido é Deus.

Este livro não teve a intenção de dar uma resposta definitiva às questões que se propôs. Foi apenas um convite para que, em meio à névoa, tomemos a lanterna que Viktor Frankl nos oferece e possamos enxergar alguns passos adiante.

Referências

ABBAGNANO, Nicola. *Dicionário de Filosofia*. São Paulo: WMF Martins Fontes, 2007.

ABD – Associação Brasileira De Daseinsanalyse. <www.daseinsanalyse.org/dasein_historia_1.htm>.

Associação Psicanalítica De Porto Alegre. <www.appoa.com.br/noticia>.

AZEVEDO, Juan Llambias de. *Max Scheler: Exposición Sistemática y Evolutiva de su Filosofia*. Nova Buenos Aires, 1965.

BARTOLETTI, Susan Campbell. *Juventude hitlerista: a história dos meninos e meninas nazistas e a dos que resistiram*. Rio de Janeiro: Relume Dumará, 2006.

BONISTEEL, Roy. *O homem vive*. Entrevista com Viktor Frankl (2009). Em: Movimento Endireitar. <www.endireitar.org/site/artigos/endireitar/403-o-homem-vive-entrevista-com-viktor-frankl>.

BOOM, Corrie Ten. *O refúgio secreto*. São Paulo: Betânia, 1982.

BREIBART, Willian. Spirituality and meaning in supportive care: spirituality – and meaning-centered group psychotherapy interventions in advanced cancer. *Supportive Care in Cancer*. Spring Berlin/Heidelberg, vol. 10, n. 4, 2002.

CAMUS, Albert. *O mito de Sísifo*. Rio de Janeiro: Record, 2008.

COELHO JÚNIOR, Achilles Gonçalves; MAHFOUD, Miguel. *As dimensões espiritual e religiosa da experiência humana: distinções e inter-relações na obra de Viktor Frankl*. Psicologia USP, São Paulo, vol.12, n. 2, 2001.

DORIN, E. *Dicionário de psicologia*. São Paulo: Melhoramentos, 1978.

FRANKL, Viktor. *The Unheard Cry for Meaning*. New York: Simon and Schulster, 1978.

_____. *The Doctor and the Soul*. New York: Second Vintage Books, 1986.

_____. *Sede de sentido*. São Paulo: Quadrante, 1989.

_____. *A questão do sentido em psicoterapia*. Campinas: Papirus, 1990.

_____. *Psicoterapia para todos*. Petrópolis: Vozes, 1990.

_____. *Psicoterapia para todos*. 4ª edição. São Paulo: Papirus, 1991.

_____. *Em busca de sentido: um psicólogo no campo de concentração*. São Leopoldo: Sinodal; Petrópolis: Vozes, 1992.

_____. *A presença ignorada de Deus*. 9ª ed. São Leopoldo: Sinodal; Petrópolis: Vozes, 1992.

_____. *Psicoanalisis y Existencialismo:* De La Psicoterapia a La Logoterapia. México: Fondo de Cultura Econômica, 1992.

_____. *Logoterapia e análise existencial*. Campinas: Editorial Psy II, 1995.

_____. *En el Principio era el Sentido*. Buenos Aires: Paidós, 2000.

_____. *Recollections*. Cambridge: Basic Books, 2000.

_____. *Psicoterapia e sentido da vida: fundamentos da Logoterapia e análise existencial*. 4ª edição. São Paulo: Quadrante, 2003.

FRANKL, Viktor. *Sede de sentido*. 3ª edição. São Paulo: Quadrante, 2003.

_____. *On the Theory and Therapy of Mental Disorders*. New York: Brunner-Routledge, 2004.

_____. *Fundamentos y Aplicaciones de la Logoterapia*. Buenos Aires: San Pablo, 2005.

_____. *Las Raíces de la Logoterapia*. Buenos Aires: San Pablo, 2005.

_____. *Um sentido para a vida*. 11ª edição. Aparecida: Ideias e Letras, 2005.

_____. *El Hombre em Busca del Sentido Último: el Análisis Existencial y la Conciencia Espiritual del ser Humano*. Buenos Aires: Paidós, 2006.

FREUD, Sigmund. *O futuro de uma ilusão/Mal-estar na civilização*. Rio de Janeiro: Imago, 2006.

GOMES, José Carlos Vitor. *Logoterapia: a psicoterapia existencial humanista de Viktor Emil Frankl*. São Paulo: Loyola, 1992.

GOUREVITCH, Philip e MORRIS, Errol. *Procedimento operacional padrão*. São Paulo: Companhia das Letras, 2008.

HOUAISS, Antonio. *Dicionário eletrônico Houaiss da Língua Portuguesa*. São Paulo: Objetiva, 2009.

ILIBAGIZA, Imaculée. *Sobrevivi para contar*. Rio de Janeiro: Objetiva, 2008.

KRAKAUER, Jon. *Pela bandeira do paraíso*. São Paulo: Companhia das Letras, 2003.

LALANDE, André. *Vocabulário técnico e crítico da filosofia*. São Paulo: Martins Fontes, 1999.

LÄNGLE, Alfried. "Viver com aprovação" – imagem humana, motivação e forma de tratamento na análise de existência. Em: *Fundamenta Psychiatrica* Publ. n. 12, 1999.

LE BON, Gustave. *Psicologia das multidões*. São Paulo: Editora WMF Martins Fontes, 2008.

LEVI, Primo. *É isto um homem?* Rio de Janeiro: Rocco, 1988.

_____. *A trégua*. São Paulo: Companhia das Letras, 1997.

_____. *Se não agora, quando?* São Paulo: Companhia das Letras, 1999.

_____. *Os afogados e os sobreviventes*. 2ª edição. São Paulo: Paz e Terra, 2004.

MOURA, J. Ferrater. *Dicionário de filosofia*. 2ª edição. São Paulo: Loyola, 2004.

OAKESHOTT, Michael. *Sobre a história e outros ensaios*. Rio de Janeiro: Topbooks, 2003.

PETER, Ricardo. *A antropologia como terapia*. São Paulo: Paulus, 1999.

PRIETO, Marina B. Gomes. La Espiritualidad em el Hombre desde la Perspectiva Logoterapéutica de Víktor Frankl. *Psicologia y Psicopedagogia*, Buenos Aires, Universidade Del Salvador, ano III, n. 10, 2002.

RAMOS, Célia Maria Antonacci. *As nazi-tatuagens: Inscrições ou injúrias no corpo humano?* São Paulo: Perspectiva, 2006.

SAIDEL, Rochelle G., *As judias no campo de concentração de Ravensbruck*. São Paulo: Edusp, 2009.

SILVA, Antonio Wardison Canabrava da; BREITENBACH, Herivelton (2009). *Fundamentação e prática da psicoterapia.* <http://200.159.127.206/encontro2009/trabalho/aceitos/CC29750900804C.pdf>.

SOLOMON, Andrew. *O demônio do meio-dia: Uma anatomia da depressão.* Rio de Janeiro: Objetiva, 2009.

WALL, Elissa. *Inocência Roubada.* São Paulo: Ediouro, 2009.

WALTER, T., Spirituality in Palliative Care: Opportunity or Burden? *Palliative Medicine.* Harvard University, USA, vol. 16, n. 2, 2002.

Esta obra foi composta em CTcP
Capa: Supremo 250g – Miolo: Pólen Soft 70g
Impressão e acabamento
Gráfica e Editora Santuário